〈正誤表〉

・47P6行目　(誤)五〇～七〇%→(正)六〇%

・62P15行目　(誤)感動がすばらしいと思うからです→(正)感動させられます

・198P　図の右端の血管名　(誤)下行大静脈→(正)下行大動脈

・204P10行目　(誤)NE≧E→(正)NE≦E

　同11行目　(誤)NE≦E→(正)NE≧E

・208P12行目

(誤)『人体常在菌―病原菌排除能』→(正)『人体常在菌―共生と病原菌排除能』

・214P3行目　(誤)皮膚　→(正)心臓

・239P6行目　(誤)(山手線の各駅間)→(正)(周回で隣り合う駅間のうち数区間)

　同7行目　(誤)一六cal　→(正)一六kcal

・241P2行目　(誤)と関係なしに　→(正)とは無関係に取り込める特権を行使し、

・245P3行目（2カ所）　(誤)低体重早産児　→(正)低出生体重児

・246P4行目　(誤)低い分、その分成人と→(正)低い分、成人と

医師と読み解く

驚き！「かりもの」の体

仙田善孝　三宅雅史

養徳社

まえがき

私共の教会では、教会の活動を写真と簡単な文章で信者さんにお知らせする月報を発行していますが、そこに天理教の基本教理である「かしもの・かりものの理」を、ユニークな切り口で、読んでおもしろく、しかもためになる内容にしてお伝えできないかと以前より考えていました。

そんなある日、私の高校時代の同級生で、三年間同じクラスで過ごした医師の三宅雅史氏と久しぶりに再会しました。そこですぐひらめいたのは、「診療と同じくらい教育にも熱心で、困った人を放っておけない彼ならきっとこの願いを叶えてくれて、しかもこの難題にタイムリーヒットを連発してくれるに違いない！」と、勝手に確信して、十二回連載のコラムを依頼したことが本書の始まりでした。

その内容は、「人体のしくみや働きの中で、医者にとっては常識でも一般人にとってはびっくり！」というようなトピックを紹介すること。さらに、「天理教の教えでは、人体の不思議（神の守護）を十に分けて説いているので、そのような分類に合わせてくれれば有難い」というものでした。突然に無茶な依頼をしたにもかかわらず、彼はそれを快諾してくれて連載がスタートしました。

そして上がってきた原稿は、期待通り文章も平易で、時にユーモアを交えて話題が展開するので、すぐに読者の心をつかみ、たちまち「もっと連載を続けてほしい」との声が上がりました。彼自身もこの企画にとても興味を持ってくれて、以後どんどんと原稿量が増え、気がつけば六年四カ月の時を経て、全七十六回の長期連載となりました。

すると今度は、もっとたくさんの愛読者諸氏から「是非一冊の本にしてほしい」という声が上がりました。私もなるべく早くに上梓するつもりでおりましたが、諸事にかまけていたずらに時を過ごしていました。

そんな折、令和二年初頭に発生した新型コロナウイルスの世界的感染拡大の影響で、日常生活のほとんどが自粛を余儀なくされ、教内でも主な行事が軒並み中止、または延期となりました。しかし、そのお陰で時間に余裕ができ、教会報の記事を大幅に加筆訂正して、亡父の二十年祭の記念品として上梓いたしました。そしてこの度、養徳社から増補改訂版として新たに加筆、修正して出版することになりました。

全体の構成は、教会報の連載記事を「親神の十全の守護」の説き分けに基づいて、第一章から第九章までに二人の対談形式にしてまとめました。そして第十章では、連載を終えて私が特に学んだ事柄についてまとめました。

本書が「かしもの・かりものの理」を、これまで以上に深く味わうきっかけとなり、人間身の内の十全の守護についてのより深い気付きと、この身体をお貸しいただいている親神様への報恩の気持ちを一人でも多くの人が、今まで以上に持つことに資すれば誠に幸甚に存じます。

令和五年一月好日

仙田善孝

はじめに

親神は、元初り《もとはじま》に当り、親しく、道具、雛型《ひながた》に入り込み、十全の守護をもつて、この世人間を造り、恆《つね》にかわることなく、身の内一切を貸して、その自由《じゅうよう》を守護し、又、生活の資料として、立毛《りゅうけ》をはじめとし、万《よろず》一切《さい》を恵まれている。

その守護の理は、これに、神名を配して、説きわけられている。

右の文章は、『天理教教典』（以下、教典とする）の第四章「天理王命」（38頁）で、親神様の「十全の守護」が記されているくだりです。

この「十全の守護」の説き分けのそれぞれには、「十柱の神名」と呼ばれている神名が付けられていますが、ご承知の通り、それは神様が十柱おられるということではありません。親神様の広大無辺にして完璧な（十全の）守護の角目角目に、これらの神名を付けて一つの体系として、わかりやすく覚えやすいようにお教えくださっているのです。また、それらの働きはそれぞれ独立して行われているのではなく、それぞれが互いに綿密に連携し合って、絶妙なバランスを保ちながら機能しているということも、十全の守護と言われる由縁だと思います。

こうした親神様のご守護について思案を深めることによって、そのお働きが、いかに果てしなく広く深いものであるかが、しみじみと味わえるようになってまいります。

もとより、親神様の十全の守護というものは、人体のお働きに限られたものではありません。自然界や、天体に代表される宇宙の運行をもご支配くだされています。その意味においても、広大にして無辺なるご守護なわけですが、本書では特に、人体のお働きを中心に各章を編みました。

さて、教典の第七章「かしもの・かりもの」の冒頭（64頁）には、

人体のこの精巧《たくみ》な構造、微妙《びみょう》な機能《はたらき》は、両親の工夫《くふう》で造られたものでもなければ、銘々《めい〱》の力で動かせるものでもない。すべては、親神の妙なる思わくにより、又、その守護による。

にんけんハみな〱神のかしものや
なんとをもふてつこているやら　三　41

にんけんハみな〱神のかしものや
神のぢうよふこれをしらんか　三　126

この世に生れさせて頂き、日々結構に生活《くら》しているのも、天地抱《だ》き合《あわ》せの、親神の温かい懐《ふところ》で、絶えず育《はぐく》まれているからである。即《すなわ》ち、銘々が、日々何の不自由もなく、身上をつかわせて頂けるのも、親神が、温《ぬく》み・水気《すいき》をはじめ、総《すべ》てに亙《わた》つて、篤《あつ》い守護を下さればこそで、

いかに己《おの》が力や智慧《ちえ》を頼んでいても、一旦、身上のさわりとなれば、発熱に苦しみ、悪寒《おかん》に悩み、又、畳《たたみ》一枚が己が住む世界となつて、手足一つさえ自由かなわぬようにもなる。ここをよく思案すれば、身上《みじょう》は親神のかしものである、という理が、自《おのず》と胸に治《おさま》る。

とありますように、私たちは、普段は健康であることが当たり前のように思って暮らしていますが、一旦、重い病気に罹《かか》ったり、交通事故などで大けがを負ったりすると、体が思うに任《まか》せない状態になって、自分の力ではどうすることもできなくなる場合もあります。

そんな時、「かしもの・かりものの理」という教えは、「体の不自由をみせられるこの事態は、親神様のどのようなお知らせであろうか。このような状況の中で、どうすれば陽気ぐらしができるのだろうか」と思いをめぐらす上で、大切な指針となるものなのです。

そういう上から、この「十全の守護」を単に覚えて暗唱《あんしょう》するだけでなく、しっかりと思案《しあん》を重ね、親神様の慈愛溢《あふ》れる親心を、改めて深く味わう機会にしたいと思います。

目次

第九章　いざなぎ・いざなみのみこと――255

■第十章　連載を終えて――

■表紙デザイン　高村　優
■イラスト　高村　優・こやまのりこ・仙田一善

第一章 くにとこたちのみこと

くにとこたちのみこと　人間身の内の眼うるおい、世界では水の守護の理。

仙田会長

「くにとこたちのみこと」と「をもたりのみこと」は、それぞれ月の理、日の理を表すお働きであり、親神様は自らを名乗られる時「月日」と称せられました。このことからもわかるように、この二柱は親神様の根本的な守護の理を現わすものです。

「くにとこたちのみこと」の人体におけるお働きについては、「人間身の内の眼うるおい」とあります。そのうち、「眼」という器官を見ていきましょう。

眼球内のほとんどの体積を占める硝子体は、タンパク質でできたゼリーのようにやわらかい組織ですが、その体積の九九％は水でできています。血管もなく無色透明で、角膜や水晶体で集めた光を屈折させる役目や、眼球の形状維持の役目をもつ器官です。この硝子体が保水力を失うと不透明になり、さまざまな厄介な症状が現われます。眼にとって清らかな水がいかに大切かがわかります。

「眼」という器官は「見る」道具ですが、左右二つで一つの働きをします。つまり、左右の眼で見た微妙にずれている映像情報を電気信号に替え、視神経を通して大脳に伝え、そこで二つの映像を統合《とうごう》して立体的な視覚情報にしています。私たちは、眼というレンズに映る像をただ見ているだけではありません。たくさんの器官が連携し合って、とても複雑な働きをしてはじめて、物を「見る」ことができるのです。

また、ご承知の通り「五感」とは人間の感覚の総称で、視覚・聴覚・味覚・嗅覚・皮膚感覚の五つの感覚のことを言いますが、人間はこれらの感覚によって、外界の状態を認識しています。わけても視覚による情報は重要で、人間が外の世界を知るための情報の、実に九割は視覚に頼っているとも言われています。

次に、「うるおい」というのは水分のことです。昔は「眼・胴うるおい」と言われていたことからもわかるように、「胴」は胴体、つまり眼を含めた人体全体に含まれる水のお働きを意味しているのではないかと思われます。事実、私たちの体重の約三分の二は水分でできているわけですから、人体にとって〝水〟は、まさに必要不可欠なものなのです。

では早速、三宅先生に詳しく説明していただきましょう。

偉大な眼の働き

三宅医師

眼は感覚器の中でも特に大切で、見て知る、見て学ぶ、見せて諭すなどのほか、気持ちが表れる、意志や想いが伝わるなど、実にいろいろな働きがあります。

改めて、眼はどんな働きをしているでしょうか。〝ものを見る〟ということでしたら誰もが思いつきますね。では、「眼うるおい」の〝眼〟とは、モノを見る眼球（＝カメラ）や視覚機能だけを指しているのでしょうか。

見るためには、眼球を見たい対象に向ける眼輪筋《がんりんきん》（上下左右と斜めが二種類で左右六対）や、眼に入る光の量を調節する虹彩《こうさい》（カメラの自動絞《しぼ》り）、ピントを合わせるためレンズの厚みを変える毛様体（カメラのオートフォーカス）、そしてそれらを像として結ぶ網膜（カメラのフィルム）、その映像を電気信号に変えて伝える視神経が必要で、いずれも瞬時に行われるため、これらカメラと同じ機能に関与する脳の部分は少なくありません。が、カメラは映像を写し取ることはできても、その映像が何で、どのような意味を持つのかは知りません。モノを見た後、それをどう認識し、どのような判断や行動をとるのかは、その先にある高次脳が関わっています。

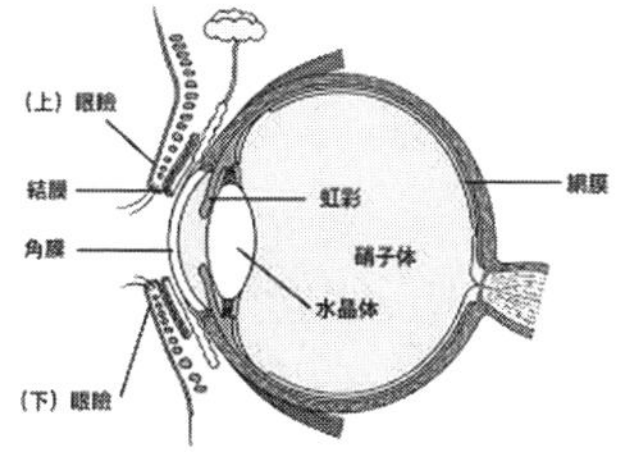

1-1 眼球断面図

視神経が最初に到達するのは後頭葉です。ここで、見えているものの大きさ、形、色、遠近感、立体感などをとらえます。そこまででしたら、脳の関わる領域は一部でしかありません。私たちは視覚から得た情報をもとに、実にさまざまなことを考えたり行動したりしています。一例として、秦順一著『私たちの体の不思議』からトンボを捕まえる場合を見てみましょう。

まず、トンボの姿形、色は後頭葉に映像としてとらえられます。その次に、側頭葉にある記憶から「これはトンボだ」と認識されます。同時に、脳底に近い古い脳ではそれが怖くない相手だと判断します。そして頭頂葉は、遠近感や立体感などから位置情報を得ます。

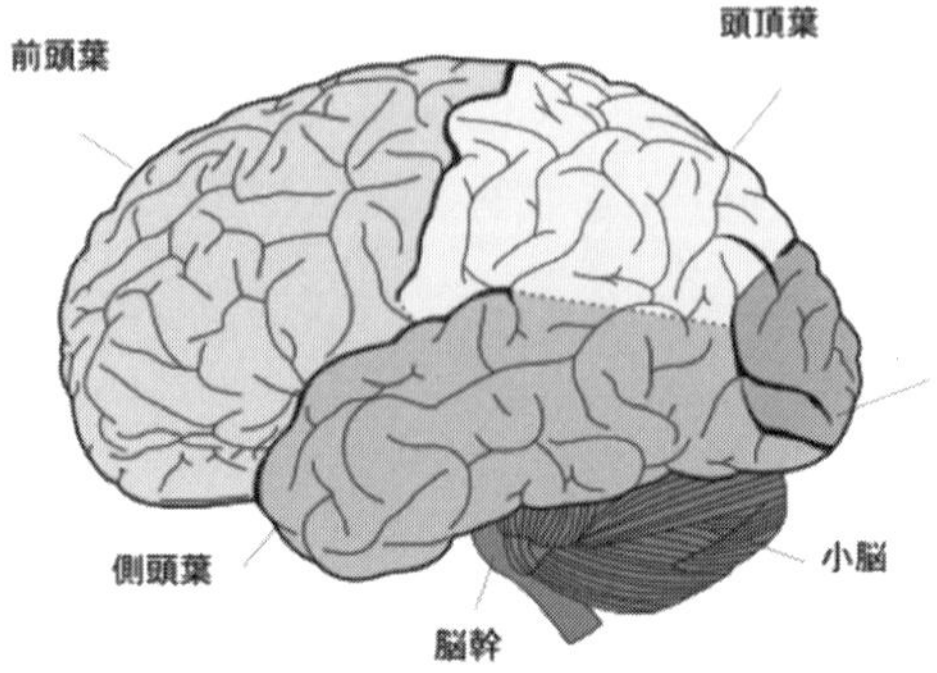

図1-2 大脳皮質の構造

次に、前頭葉が「トンボを捕まえよう」と判断したとします。すると、前頭葉の運動野が発した活動電位によって腕を伸ばし、羽を指でつまんだり捕虫網をかぶせたりするのです。たったこれだけでも、脳内の回路を前から後ろへ、後ろから横や下や前へ、そして上へと瞬時に駆け巡っているのがおわかりかと思います。

私たちの一日をふり返りますと、まず、朝という時を屋外の明るさから知ります。起きて洗面、着替え、台所仕事、食事、出かける場合はその準備、通学・通勤、学習、事務や企画・制作、家事でしたら洗濯・炊事・清掃など、大部分は視覚を頼りとして成り立っています。自分の周囲を見渡して時を知り、衣食や生活の糧《かて》を得、家庭や学校や社会での立場を維持するものについて、要不要、取捨選択、ないし回避を判断し、一つ一つの行動に移るタイミングを計りながら一日を過ごすのに、視覚とそれとは切っても切れない情報処理が間断なく続くのです。

日常の情報の九割は視覚から得られるそうですし、「百聞は一見に如かず＝seeing is believing」とも言います。得られる情報の質と量、ついでに速さを総合すれば視覚が第一なのでしょう。ヒトの特徴である道具と火と言葉、このうち文字との関わりについてみますと、たとえば黙読する際、眼と脳とは文字、数字、図画などから収集した情報を、無数の回路の行き来をくり返しながら、加工しつつ、統合し進化させます。その間、後頭葉、側頭葉、頭頂葉、前頭葉が活性化するので、脳の人たる部分の広範囲を使っていることになります。「九割」の意味は、眼から直接得られる情報の質と量もさることながら、見た後に起きる情報処理（理解、記憶、判断、創造など）や心の動きが、これまた脳の大部分を使って行われることと関係があるからではないでしょうか。ページをめくる動きを含めれば、眼とは、中枢神経（脳と脊髄）から末梢神経までをも意味していると言えるでしょう。

眼に関しては、洋の東西を問わず熟語やことわざが多いことはご存じでしょう。ものを見る以外の眼の働きである知・情・意に関し、脳が相当な関わりを持つことに古人《こじん》も気づいていたことの証拠ではないでしょうか。知性に関してだけでも、目が肥える、目に止まる、目が高いなどがありますね。目を配る、目が離せない、目を光らせるなども視覚を超越して重大な関心を寄せているからですね。知性に関して付け加えますと、人の顔の識別に関しては、無意識でも桁外れの観察力があるらしく、掌《てのひら》ほどの面積しかないにもかかわらず、地球上のすべての人を見分けられるのです。

眼はコミュニケーションのツール

それでは、眼と脳の関わりについて、さらに〝目を広げて〟みましょう。視覚で受け取った情報が発端になり、感情が揺さぶられ、ある思いが生じることがありますね。たとえば、素晴らしい風物を見て感性が触発され（目を見張る）創作意欲が湧《わ》いたとか、悲惨《ひさん》な状況を見て思わず手を差しのべずにおれなくなった（見るに見かねる）とか、スケールの大きな事柄であれば、地峡《ちきょう》を見渡して大運河を開通させる大志《たいし》を抱《いだ》いた（目の色を変える）とか。そんな時「目は心の窓」の通り、意識するしないに関わらず、目そのものが知性・感情・意思（に関わる中枢神経）を表現する大切な信号となります。もしも入力が文字などでなく、眼を中心とする表情であったならどうでしょう。

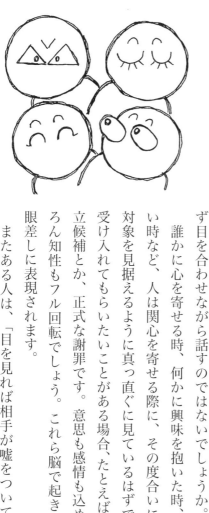

あなたは人と話をする時、相手のどこを見ていますか。相手がそばにいるなら無意識にその目を見てはいないでしょうか。もしも言葉のやり取りだけで済むのなら、常にメモや電話、メールだけで済ませていたはずです。たとえ相手が近くにいても、話をする時、わざわざ互いに目を合わせることもなかったはずです。しかし、用件を確実に伝えたい時は、相手が話の中身を理解しているか、こちらをどのくらい重要だと思っているか、依頼を受け入れてこちらの頼み通り動いてくれるか、それはどのくらい確かなことなのかなど、言外の情報を知りたいがために、意図せず目を合わせながら話すのではないでしょうか。

誰かに心を寄せる時、何かに興味を抱いた時、真偽を確かめたい時など、人は関心を寄せる際に、その度合いに応じて、相手や対象を見据えるように真っ直ぐに見ているはずです。どうしても受け入れてもらいたいことがある場合、たとえばプロポーズとか、立候補とか、正式な謝罪です。意思も感情も込めますよね。もちろん知性もフル回転でしょう。これら脳で起きているすべてが、眼差しに表現されます。

またある人は、「目を見れば相手が嘘をついているかどうかすぐにわかる」と言います。わかるということは、脳内の機密ですら目には正直に現れることの証《しょう》左《さ》でしょう。つまり、目には本心が現れる、相手に虚実《きょじつ》が伝わる、ということですね。刑事さんは、相手が犯人かどうかを判断する時、カマをかけますね。つまり、犯人とおぼしき人が隠している真相に関するキーワードを、わざと聞こえるようにつぶやいて反応を見るそうです。それをズバリ言われた瞬間の相手の顔色や表情の変化を見逃しません。特に、目を白黒させたり、目を丸くしたり、目つきがとっさに変わったりしたら……。ウソ発見器よりも正確にウソを見破ることができるのでしょう。常人では意思の力でごまかすことができません。やはり目は脳と直結していますね。目を見ればわかる、顔に書いてある……目は正直だから相手の目を見て判断することですね。

目が知・情・意と関わる故事ことわざの中では、情に関するものが格別《かくべつ》多くあります。目は心の窓だからでしょうか。中には滑稽《こっけい》なものもあります。目が飛び出る(驚き)、目を三角にする(怒り)、目から火が出る(羞恥心《しゅうちしん》)、目を細める(喜)、目を注ぐ(愛)、目をつむる・大目に見る(黙認)など、枚挙《まいきょ》にいとまがありません。

感情は動物たちも持っていますね。犬は尻尾を振ったり呻《うめ》いたり唸《うな》ったりしますし、猫もけたたましく泣いたりじゃれついたりします。それら喜び、怒り、悲しみは「情動《じょうどう》」と呼ばれ、一過性であるのに対し、人だけが持つ高度の感情(哀《あわ》れみ、惻隠《そくいん》の情、幸福感など複雑です)は持続するものです。前者は大脳辺縁系《だいのうへんえんけい》と言って脳の底部《ていぶ》にあります。後者は前頭葉にあり、大脳皮質の三〇%をも占めています。

私たちは、日常的に目を通して、お互いの脳内をある程度うかがい知ることができます。相手の眼差しが、こちらの網膜にはじまる視神経から、中枢でもほぼ同じ領域に伝わって「vivid」に（日本語でもビビッ！と）感じるのです。目を介した双方向の知・情・意の交流ですね。目から始まったスパークが、脳内を縦横に高速で駆《か》け巡《めぐ》りながら、あちこちに枝分かれしてスパークを明《めい》滅《めつ》させ続けている、そんな情景が思い浮かびませんか。ちなみに伝達速度は体の各部位で異なるものの、最速は末梢神経の時速三六〇㎞（秒速一〇〇m）で飛行機並みです（笑）。

最初に出てきた視覚そのものは、後頭葉が司《つかさど》っています。思考や理性、創造、判断に関することや、人としての高次の感情や人格は前頭葉が司っています。記憶（記銘《きめい》、保持《ほじ》、想起《そうき》）は側頭葉、また、人になる前の動物的な感情（情動とも言います）は大脳辺縁系が司っています。さらに細かく見ていくと、目の形をさまざまに修飾して感情を表現する筋肉群は、直接的には顔面神経が、その筋肉の動きの指示は前頭葉が、その筋肉から受ける感覚については頭頂葉が司っています。また、涙は自律神経です。

人の人たる特徴は、脳の新皮質の圧倒的なサイズと働きにあります。偉人の言葉を借りれば、「ヒトは感情の動物」であり「考える葦《あし》」でもあります。ここでは、その中枢神経の大部分が、目を起点として関わりを持っているというお話をさせていただきました。

眼うるおいの〝眼〟が意味するものは、皆様の想像をはるかに超えていたのではないでしょうか。体中に張り巡らされた神経（中枢神経、末梢神経、自律神経）、これらすべてを表すのに最もわかりやすく、かつ最も少ない文字数で示されたことに、計り知れない畏怖《いふ》の念を覚えます。

さまざまな水の働き

皆さんは「うるおい」という言葉からどんなことを連想するでしょうか。生き生き、溌剌《はつらつ》とした命、あるいはオアシスのような安らぎと活力の再生を思わせる場、また女性なら真っ先に美肌という向きもあるでしょう（笑）。

ご存じの通り、水は命（と美）にとって最も大切なものです。水は、空気と並んで一瞬たりとも欠くことができませんね。体に占める水の割合は、成人で六〇％と最大です。このうち六〇％を二対一に分け、四〇％は細胞の中に、二〇％は細胞の外に存在しています。

細胞外の二〇％をさらに三対一に分け、細胞と細胞の間を埋めるのに一五％、そして皆さんが、液体として真っ先に思い浮かべるであろう血管やリンパ管の中を流れているのは五％足らずです。五％足らずと言っても、体重五〇㎏とすれば血液は五〇〇㎖のペットボトルで約五本分（覚えやすいですね）あります。体内には、その十倍以上もの水分を保有しているわけです。

私たち生き物は、水がなければ生きていけません。もちろんそれは子どもでも知っています。昔から「水さえあればひと月は生きられるけど、なければ一週間しか持たない」ということを聞いたことがあるでしょう？　皆さんは、水分や乾燥という言葉から、何を連想しますか。今、思いつくままに書き出してみますと、水分からは、うるおい、みずみずしさ、生き返る感覚、命、若さ、新鮮さ、しなやかさ、美しさなどが。一方、乾燥からは、砂漠、干からび、枯れ、皺、老い（失礼！）が浮かんできました。

そもそも、どうして私たちは水がないと生きられないのでしょうか。また、水は体内でどんな役割を担《にな》っているのでしょうか。

まず、水の分子の特徴はとにかく小さいことです。直径十億分の一㎜、ここまで小さいので何でも溶かし（水に溶けない油については後述）、毛細血管の中をスイスイと自在に移動し、末端の細胞内部まで、さまざまな物質を運ぶことができるのです。

食べ物が分解されてできるブドウ糖はじめ単糖類やアミノ酸、ビタミンB群とC、電解質などは、水に溶け込むと腸粘膜から吸収することができます。脂質と脂溶性のビタミンA、D、E、Kなども、胆嚢《たんのう》から出る消化液がもつ石鹸のような性質のお陰で水に溶け、以後は酵素によって分解・吸収されます。栄養素は、水に溶けた形で脈管《みゃくかん》の中をスムーズに流れ、最終的に三十七兆個ある細胞の一つ一つに届けられて利用され、最後に老廃物《ろうはいぶつ》となって出されます。この流れは、川が無数のカヌーを浮かべ、やすやすと下流へ運んでいるようなものです。水はサイズが小さく、血管や細胞の内外どこにでも自在に出入りできることから、こういった多種多様な物質の溶媒《ようばい》、運搬役として欠くことができないのです。

次に、代謝《たいしゃ》というのは生体内で行われる化学反応の総称ですが、その反応との関わりにおいて水は不可欠なのです（詳しくは第二章で説明）。「代謝なくして命なし」とも言えますね。水の、溶かし、運び、代謝する性質。実は食品の保存には、これらを逆手にとって利用する知恵が詰まっています。つまり、病原菌やカビなどが生きられないように水の役割を遮断《しゃだん》する工夫を凝らしているのです。具体的には、食べ物を乾燥させて病原体が住めない環境としたり、病原体自体から水分を奪ったりするものには、スルメ、干し大根、あられ、乾パン、塩鮭、ジャムなどがあり（昔からある干物、塩漬け、砂糖漬け）、水を固定して利用できなくしてしまうものには冷凍食品があります。ここでも、水はすべての命の根源ということがわかります。

動物における代謝とは、通常は食べた物をさまざまに変化させて利用することです。ごく簡単に申しますと、私たちはご飯を食べ、休みなく息をすることで生きていられるのです。一例として、お米の中のデンプンが、吸った空気の中の酸素と化合して、エネルギーと吐く息（二酸化炭素）と水とに変化します。ここで生じた二酸化炭素と水は、そのまま植物によって取り入れられ、日光のたすけを借りて自らが利用する養分に作り変える他、穀類では再びお米のようなデンプンを作り、それをまた私たちがいただくという循環《じゅんかん》です。太古の昔からくり返されているこのような動物と植物のたすけ合いにも、水はとても役立っていることがわかります。

代謝を「燃やす」と表現することがあります。先ほどの説明にもありましたが、酸素が使われるからですね。私たちが火を燃やす時、その火の中でなんと水が生じています。これは、燃料が薪であっても石油やガスであっても、燃やすなら同じことです。例外は炭火で、この場合は水が発生しません。焼き鳥やバーベキューの際、炭火を使うとカリッと香ばしく焼けるのは、水が発生しないせいで食材に湿り気が移らないからです（石焼き芋を思い浮かべた向きもあるかと……笑）。

人体の内部も同じです。デンプンだろうと、タンパク質や脂肪だろうと、栄養素を利用する際には必ず「代謝水」と言って水が生じます。そして、これらは無駄なく再利用されます。冬山にしろ、洋上にしろ、砂漠にしろ、遭難した時は、恵まれた体格の人の方が生き残れる望みが大きいのは、皮下脂肪や筋肉に養分を溜めているからだけでなく、それを体内で代謝する過程で、水が得られることも一因でしょう。

水が体のほぼ隅々《すみずみ》にまで行き渡ることによって、柔軟性、耐久性が得られ、しかも早くてなめらかな動きが可能となります。雨の日はタイヤがスリップしやすいように、水には組織同士を滑りやすくする働きがあります。陸上競技や格闘技の選手は、厚みのある筋肉のついた手足でありながら、素早く曲げたり伸ばしたりできますね。この時の筋肉や腱《けん》や関節のすべりにも水分は不可欠です（もちろん、関節や腱には特別にすべりを良くする物質が備わっています）。

反対に、枯れ木はしなやかさがないため、簡単にポキンと折れますね。皮膚も乾燥していると、ひび割れたり、はがれたりしやすいでしょう。お母さんが一生懸命ハンドクリームをすり込むのも、手や指の皮膚の水分を保つことで、見た目や肌ざわりだけでなく、機能や耐久性を保つためです。

また、水には衝撃から身を守る働きもあります。その代表的なものが脳を守るしくみです。脳は、人が人であるためにも不可欠の臓器です。そのため、頑丈《がんじょう》な頭蓋骨にすっぽり被われていますが、その骨と脳とのすき間には液体が満たされており、頭に衝撃が加わってもそれが脳自体に直接伝わりにくい構造となっています。実験してみましょうか（笑）。タッパーなどの容器に豆腐の塊を入れ、その周囲を水で満たして密閉できる蓋をします。この容器を、思う存分壁にぶつけたり振り回したりしてみてください。よほどでない限り、中の豆腐をちぎったり、砕いたりすることは難しいだろうと思います。私たちの脳は、この水の中に浮かんだ豆腐のようなものです。脳は丸くて角がないのでなおさら壊れにくいですよね。水を含んで柔らかな筋肉や皮膚も、打たれたりぶつかったりした時のショックを小さくしてくれます。水には衝撃を緩和する作用もあるのです。

水の出入りの不思議

こういった大切な水を、私たちはどのように摂《と》り入れ、そして捨てているのでしょうか。飲んだり排泄したりの調節は、いったい、どのようになされているのでしょうか。ここにも親神様の深い知恵が潜《ひそ》んでいます。

私たちは物心つく前から、「喉《のど》が渇《かわ》いたな」と思った時に、分量を意識しないで欲しいだけの飲み物をとります。飲むか飲まないかの判断は、子どもでも自然にできます。それは口渇感《こうかつかん》といわれる喉の渇きの感覚があるからで、中枢のある部位に渇きを、言い換えると〝血液の粘り具合〟を察知する機能があり、ここが水を飲みたい気持ちを起こさせるのです。そして、水を摂ってしばらくすれば、自然と尿意を感じておしっこをし、無意識で汗もかいています。一日の出入りを算出すれば、病人でない限り、このバランスが見事にとれているのです。水の一日の出入りは、およそ二ℓです。

いかがでしょうか。「飲んだ分がオシッコになり、食べた分が蒸発する」と憶《おぼ》えると簡単ですね。大まかな収支は、〝入る〟が飲み食い、そして、〝出る〟が尿と皮膚や息からの蒸発、両者でみごとにバランスがとれているわけです。不思議なことに、そのどれもが無意識のうちになされています。

おしっこや汗を出すのには体の掃除という役目もあります。水不足でカサカサの体では、老廃物を洗い流すことさえできなくなります。家の掃除を思い浮かべてみてください。掃除に必要なものといえば、道具以外ではまず水ですよね。濡《ぬ》らしたぞうきんで床や机の汚れを拭き取り、ぞうきんをゆすいで絞った後の水を捨てます。体も常に生産と消費と廃棄をくり返していますから、その老廃物を排泄するのに尿と汗は欠かせません。鼻水や痰《たん》も同じ

水の一日の出入り

入　る	出　る	備　考
飲　む 1,200mℓ	尿　1,200mℓ	
食べる　700mℓ	不感蒸泄　700mℓ	不感蒸泄：皮膚・呼気からの蒸発
代　謝　200mℓ	便　200mℓ	

ことです。

眼はどうでしょうか。眼球に付着した微細な埃《ほこり》を洗い流すと同時に表面が乾かないよう、私たちはこれまた無意識に毎分何回も瞬《まばた》きをしていますね。ガラスは乾燥している方がずっとクリアーですが、角膜《かくまく》は生きているので常に水分を必要としています。ガラスはひび割れればそれでオシマイですが、角膜は水の作用を受けて代謝をしているお陰で、少々のキズはひとりでに治すことができるのです。エアコンのフィルター自動清浄装置など足元にも及びません（笑）。

腎臓には、おしっこをいったん作った後、その中から使えそうなものは、水分も含めて再度体に取り戻すという節約のしくみまであります。のどが渇いた時に飲んだ水は大切に使われるため、飲んだ後も長時間オシッコに行きたくなりませんが、宴会などで惰性《だせい》にまかせて何杯もおかわりしたビールやお茶だと、飲む一方で何度もお手洗いに行ったりしますね。誰も「三杯飲んだら、一回の割合でお手洗いに行くか」なんて考えませんよね（笑）。つまり、体は水と成分の必要度や血圧に応じて、オシッコを濃くしたり薄めたりしているのです。もちろん、皆さんがまったく知らない間に。

血圧が保たれてこそ血は巡り、脳をはじめとする重要臓器はその効果を発揮できます。腎臓はこの血圧・血液量の調節の要で、とりわけその低下を察知するや迅速に対応します。具体的には、血管径を小さくし(血管の抵抗を高める)、血液量を増やし(尿の排出ペースを下げ)て対応します。摂り入れた水分を、みすみす失うことなく利用できるよう、私たちの体は丈夫な皮膚で被《おお》われています。仮に、皮膚がなければどうなるかは、リンゴやミカンの皮をむいたまま、しばらく放っておくとおわかりかと思います。皆さんの健康な皮膚と、焼けただれ、為すすべもなく血液その他の水分が流れ出していく皮膚を比べてみてください。普段は気が付きませんが、全身が皮膚で被われていることの有難さを忘れてはいけません。

命とは、切っても切れない関係にある水ですが、地球上からなくなってしまう心配はないのでしょうか。資源はリサイクルしない限り、方々に散らばり、他の廃棄物と一緒になったりして最後は手に入れられなくなります。同じ液体でも石油は、一度燃やしたり石油化学でさまざまに変化させてしまうと、もう元には戻りません。また、地球は〝水の惑星〟と称されながら大部分は海水で、私たち地上の生物が必要とする真水は三％もないのです。

でもご安心ください。水は、これも親神様が最初にお決めになったのでしょうか、永久にリサイクルが可能なのです。四十六億年ほど前に誕生した地球ですが、生命の誕生は四十億年近く前と言われ、現生人類の誕生はわずか数万年前です。人は川から汲《く》んだ水を家庭や工場で利用し、そこからの排水が下水道を経て川へ、その下流から海へ、そして蒸発して雲となり雨を降らせ、野山に染み込んで再び川となります。このサイクルのくり返しです。

私たちが地球環境を大切に保ち、植物と動物がともに本来の営みをくり返していく限り、水は地球最後の日まで存在し続けるはずです。水そのものと、私たちの体における利用のしくみまでを考えられた親神様に感謝して、お互いにこれからも水を大切にしましょう。

涙のチカラ

◇仙田　三宅先生から、私たちの眼や体にとって、水がいかに大切なものかを詳しく、しかもわかりやすく教えていただきました。

ところで、眼の中に光を通すためには、眼を構成するそれぞれの部分が窓ガラスのように透明でなければなりません。そこで、外界に露出した角膜を始め、光が通っていく水晶体も硝子体もすべて透明にできていて血管もありません。とすると、それらの器官はどうやって栄養を補給するのでしょうか。そこで、眼にとって頼りになる相棒となっているのが「涙」です。

その点について、坪田一男医師（慶應義塾大学名誉教授）の『涙のチカラ』という著書に詳しく解説されています。

涙は血清とほぼ同じ成分（血液から赤血球その他の細胞や凝固因子を除いたもの）なので、眼の細胞が必要とする栄養を供給することはもとより、血液と同じようにその殺菌力で、空気中の細菌やウイルスから眼を守っています。

また、涙は不必要なものを体外へ運び出すという働きもしています。眼の表面は、ゴミやウイルスなど外からの進入物が入ってきたり、古いはがれた細胞が浮遊しています。それらをいかに排出しているかというと、一瞬の〝まばたき〟で完了させています。まばたきは、目尻から目頭に向かって閉じているのですが、ちょうどチャックを閉めるように水を押し出して、目頭にある出口から外に排出しています。

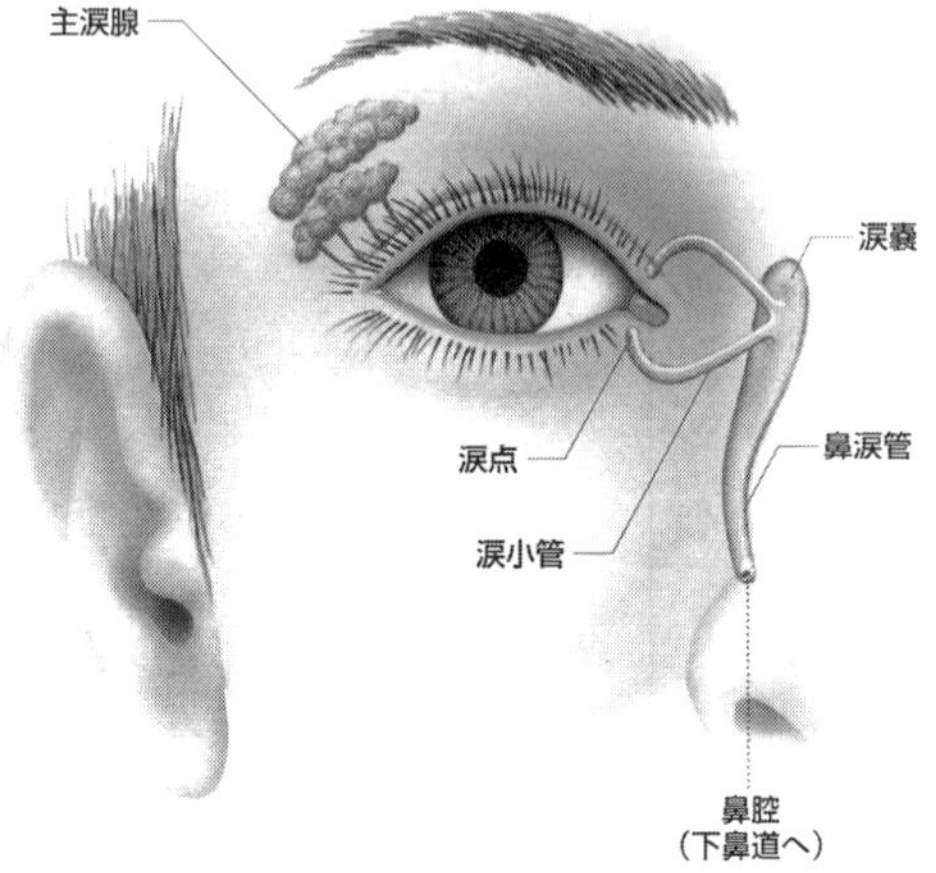

▧ 1-3 眼と涙器

しかも、古い汚れた涙を外に出すだけでなく、同時に目尻にある涙腺から新しい涙を全体に行き渡らせ、さらに眼をつぶった瞬間に、上下のまつ毛の生え際にあるマイボーム腺から油分を出して、まぶたが開くと同時に薄い膜となって涙の表面を被い、その油層でコートすることによって、眼全体が乾燥するのを防いでいます。このような一連の作業を、一瞬で、しかも一回切りで完了させるシステムは、最新の科学技術を駆使しても不可能なのだそうです。

私たちは一日のうちにも無数にまばたきをしていますが、こんなに高性能で瞬間的な働きをしているのに、ほぼ一生、ただの一回も修理したり交換することなく使えています。そして更に、この一連の作業に使われる涙の量は、一年間でわずか三五〇㎖(缶ビール一本分)という少量で良いというのですから、まさに神業としか言いようがありません。

このように、眼は〝涙〟という水の働きがなければ、一日たりとも健康な状態に保つことができない器官なのです。

神経系のお働きについて

ところで、上田嘉太郎氏(前表統領)は、自著『基本教理を身につけよう』の中で、次のように述べられています。

若い頃、「神経の身上、これはくにとこたちのみことのご守護の理に照らして思案さしてもらうとよい」「低い心で、頭を低くして通ることが大切」と聞かされたことがあります。しかし、当時私はその関連が解せませんでした。これなども、眼というものを通して、神経全般についても仰せになっているという悟りの例ではないかと思います。（21頁）

このように昔から信仰者の間では、眼は神経全般の働きと深く関わっているものであり、視覚というものが脳の各部と大きな関連があることから、くにとこたちのみことのお働きは、人体の神経系、および脳の機能と深く関わっていることが指摘されています。

天理よろづ相談所病院（憩の家）院長の山中忠太郎氏は、平成三十年に開催された女子青年委員長講習会で、「親神様のお働き」というテーマの講話をされていますが、そこで次のようにお話しくださっています。

体を調節するという働きの中で、大きな役割をしているのは神経系の働きです。十全の守護として、十の神名で親神様のお働きを教えていただいていますけれども、その中でどれに当たるのかなと考えますと、一番初めに出てくる、くにとこたちのみことのお働きではないかと思います。（中略）眼で物が見えるというのは、体の機能、特に脳の機能、神経系の働きですから、そこから神経系のご守護は、くにとこたちのみことのお働きであると言われています。神経系は、脳や脊髄など中心の大事な部分である中枢神経と、体の隅々まで行き渡り、筋肉を縮めたり伸ばしたりして体を動かすことに働く運動神経、あるいは、表面や深い所の感覚を脳のほうに伝えてくる感覚神経からなる末梢神経とから成り立っています。かりものの体をスムーズに思うように動かすためには、どれもなくてはならないものであります。

このように山中氏も、脳の機能、および神経系のご守護は「くにとこたちのみこと」のお働きと考えられると述べられています。

この世と人間の体の関係

さて、人の体における親神様のお働きについては、基本教理である「かしもの・かりものの理」という教えの中で説かれています。そこで、かしもの・かりものの理という教えについて、少しだけ説明したいと思います。
この教えは、簡単に言えば「人間の体は、親神様から言えば人間に貸しているものであり、人間の側から言えば親神様からお借りしているもの」という天理を説いているものです。
『おさしづ』には、
人間というものは、身はかりもの、心一つが我がのもの。たった一つの心より、どんな理も日々出る。（明治二十二年二月十四日）
とある通り、ほとんどの人が「自分のもの」と信じて疑わない自分の体が、実は神様からのかりもので、自分のものは心だけだと仰せられます。

この教えの角目は、「体は親神からのかりもの」ということと、「心一つが我がのもの」ということがセットになっている点です。そして、「体と心」をつないでいるのが「心通りの守護」ということになります。銘々の人の心通りに、親神様は、体をはじめとする一切のご守護を成してくださるのです。

心が思った通りに体を動かすことができるのは、神経系の働き、循環器系の働きをはじめとする親神様の十全のお働きがあればこそで、それぞれの神名で説かれている親神様のお働きが少しでも欠けると、私たちが心でどのように思っても、体は少しも自由に動かないばかりか、生きていくことさえもかなわなくなります。心通りの守護で結ばれている人の「体と心」は、決して切り離すことのできないものなのです。

ところで、教典にも引用されている前述のおふでさきには、

たんく／＼となに事にてもこのよふわ
神のからだやしやんしてみよ　三　40 135

にんけんハみなく／＼神のかしものや
なんとをもふてつこているやら　三　41

と仰せくださっています。「かしもの・かりものの理」の前提は、「この世は神のからだ」であり、「この世のすべては親神様のものだ」ということです。そして、その前提から考えてみると、

人間のものと言えるものは何一つなく、すべては親神様が貸しているものだということになります。

つまり、「かしもの・かりものの理」を心に治めるためには、そもそも、この世は誰によって造られ、誰のものであるかという順序の理を了解しなければなりません。

それについては、明治二十年に、教祖が初代真柱様と問答される中で仰せくださった、

さあ〳〵月日がありてこの世界あり、世界ありてそれ〳〵あり、それ〳〵ありて身の内あり、身の内ありて律あり、律ありても心定めが第一やで。（明治二十年一月十三日）

という『おさしづ』で、この世（宇宙全体）と人間世界の関係を端的に教えられています。

まず、この宇宙は親神様（月日）によって造られた。それから気の遠くなるような年月を経て太陽系が誕生し、その中のまことにちっぽけな地球という惑星に人類が誕生し、次第に集団をつくり、やがて国家となった。それぞれの国では、お互いが守るべきルール（法律）をつくり、人間はその国の法律に従いながら暮らしている。この世には、このような厳然とした順序が存在します。

そして、宇宙全体が神の体である（神がすべてをコントロールしている）のならば、この世のごく一部である人間の体もまた、この世の運行を支配しているのと同様の理合いによって、親神が十全にご守護くださっているということで、私たちはその体をお借りして日々結構に使わせて

もらっているというわけです。

そう考えると、親神の十全の守護が「人間の身の内……、世界では……」という形をとって説かれていることも納得ができるのではないでしょうか。「かしもの・かりものの理」は、時空を超えた、壮大なスケールの世界観を背景に説かれている教理なのです。

貸借関係にたとえる意味

ところで、親神様は私たちのこの体を、親神様と人間の心との間の貸借関係にたとえることで、どのようなことを教えてくださっているのでしょうか。

諸井慶一郎氏（元天理教校長）は、著書『天理教教理大要』の中で（255〜262頁）、その点について詳細に言及されています。ここでは、その論点を整理していくつかあげてみたいと思います。

まず、この体を「貸した」と言えるのは、人間の体をお造りになり、しかもその体内へ入り込んで日々お働きくださり、生命を授けてくださるお方だけです。私たちは、両親によって造られたと言いますが、正しくは両親が「造った」のではなくて、両親から「できた」のです。神様を知らない人は、両親の精子と卵子から自然にできたと言いますが、おふでさきでは、

これからわ神のしゆごとゆうものハ
なみたいていな事でないそや　六 40
たいないゑやどしこむのも月日なり
むまれだすのも月日せわどり　六 131

とあるように、受精卵を子宮に着床させ、およそ二百八十日間で胎児を成長させて出産させるまでの行程は並大抵のことではなく、その行程のすべてにわたって、親神様が片時も休むことなく世話取りしていることを明言されています。これこそ、造り主にしか言えない話です。

次に、貸借の常識では「ただ」というのはなく、皆「利」が付いて回ります。家なら家賃、お金なら利子、道具なら使用料とあり、その利を払わなければ「借り倒し」ということになり、借り物を我が物にしてしまうのは「取り込み」です。

また、借りた物を返すのは「返却」であり、それに利を添えて返すのが「返済」です。物だけ返して利を払わなければ、後に「借り」という利が残ります。利を払った上に、さらに「お礼」を言うのは、結構な物を貸してくださった相手の好意に対してのお礼であって、貸してくれた相手への恩に報いるということです。利を払ったのだから礼を言う必要はないと、乱暴に叩き返しても返済には違いありませんが、それでは貸主のご恩に報いることにはなりません。借り物が、自分にとって結構なものであると思い至れば、誠実にお礼を申すことが良識ある人の取る態度と言えるでしょう。もっとも、親神様は人間の親であられますから、「利を添えよ」とはおっしゃいませんが、利は添って回るのが借り物だということに気付いてご恩を報じることが、「かりものの教え」がわかったということになるのかもしれません。

借り物には当然ながら返却期限があります。体に付いた返却期限を「寿命」と言うこともできます。そして、私たちの体は親神様が無期限で貸してくださっています。無期限とは、貸主である親神様が「返せ」とおっしゃれば、すぐにでも返さなければならないということです。さらに、借り物であるなら、自分の都合で勝手に処分できません。処分できるものは我が物だけです。その意味から、自死は自分で体を処分するのであって、借り物と我が物との理の取り違いの最たる例と言えましょう。

ところで、道具を借りたら、借り主は貸し主に対して、道具についての責任を負うことになります。もし壊したならば、元通り修繕して返すか、それ相当の弁償をしなければなりません。しかも、そこで誠意を見せなければ、「もう二度とあなたには貸さない」ということになります。もとより、親神様は返せとはおっしゃいませんが、身の内入り込んでのお働きに退かれると、返すつもりはなくとも返さざるを得なくなるのが借り物です。

また、道具でも精密な道具なら、それだけ正しい使い方というものがあります。それで、それらの道具には使用上の注意とか、手入れの仕方が書かれた〝取扱説明書〟が付いてきます。つまり、道具には造り主の思いがあって、その思いに添って使うから便利で長持ちして使えるというわけです。

そのようなことから考えると、私たちの体の造り主は親神様だから、造るに当たっての思召である、「陽気ぐらしをさせてやりたい」という目的に添って使わせてもらうことが最も肝腎で、その取扱説明書が、「教理」と言えるかもしれません。

第二章 をもたりのみこと

をもたりのみこと　人間身の内のぬくみ、世界では火の守護の理。

◇**仙田**　右の「人間身の内のぬくみ」という記述からは、人体の器官のどこを表わしているのか、具体的なイメージがわいてきませんね。あえて言えば「体温」ということになるのでしょうか。

もっとも、私たちが健康に暮らすことができるのは、体温が常に一定に保たれているからで、体温が一割低くなっても一割高くなっても、私たちはたちまち危機的状態に陥ります。そのように、体温は人間が生きていく上で、最も大切な親神様のお働きの一つだと言えます。

そんなことは誰もがわかっている当たり前のことですが、それでは改めて、「夏の暑い日も冬の寒い日も、私たちの体温が、変わらず三十六度前後の平熱を維持できるのはどうしてか？」と問われれば、詳しくはわからないですよね。

それでは三宅先生、そのなぞを解き明かしてください。

ぬくみはどこからくるのか

◆三宅　改めて〝生きている〟とはどういう状態を言うのでしょうか。「脈がある」「息をしている」「表情がある（精神作用）」「手足が動いている」、そして「ぬくもりがある」ということですね。私たちは食べることによって命を維持していますが、食べ物が消化された後、私たちのぬくもりはどこで作られているのでしょうか。日頃よく経験することから想像してみましょう。体がポカポカするのはどんな時でしょうか？　……そうですね、いろいろな作業やスポーツなどで体を動かすと汗ばんできますね。運動するとドキドキしてくるから、同じ筋肉を持つ心臓も関係していそうですね。

体温の元について、ヒントをお出しします。

同じ体重、同じ身長の人が一つのベンチに一人分離れて座っているとします。片方は見るからに筋肉質で、おまけに皮下脂肪がほとんどないので、鍛えた筋肉がモリモリと浮き上がって見えています。もう一人はブヨブヨと肥えており、見るからに皮下脂肪たっぷりです。そして体の冷えきったあなたが、たまたまその二人の間に腰掛けることになったとします。二人ともレスリングのようなウェア一枚なので体温をいただけそうです（シメシメ）。さて、どちら側がより暖かく感じると思いますか？　……経験からおわかりですよね（笑）。両者を比べた時、皮下に何が蓄えられているか、その違いですね。では単純に、「筋肉の方が暖かい。だから体温の源は筋肉だ」と結論付けて良いのでしょうか。

より一層の節約モードを思い浮かべてください。目を閉じてソファーでくつろいでいる時、さらに横になって寝ている間は手足も胴体もダランとしたままで、息をしている以外ほとんど動いていません。その時、スリムな人の体は次第に冷えていくでしょうか？ ……そんな事はありませんね（笑）。たとえ真冬に暖房を止めて寝床に入ろうとも、朝目覚めたときのお布団の中は体型にかかわらず〝恋しくて離れられない〟ほど暖かいままです（笑）。それではこのぬくもり、一体どこで作られているのでしょう。

賢明な皆さんは既にお気付きのことと思います。私たちの体は動いている時だけでなく、安静時や睡眠時でも、生体にとって不可欠な機能を営むために活動し、その結果として熱を作り続けています。睡眠時が最も少なく最低となりますので、これを基礎代謝と言います（きっとお聞きになったことがあると思います）。

人を、エンジンがかかっている車にたとえてみるとわかりやすいですよ。

○目をつむってソファーでくつろいだり、ウトウトしている時はアイドリング中
○通常の活動をしている時は、平坦な道をゆっくり走行中
○スポーツや肉体労働をしている時なら、急加速したり登坂中

最初のアイドリング中の燃費、これを安静時代謝量といいます。眠っている時や覚醒して静かに座っている時に要する消費エネルギーの合計で、一日の総消費エネルギーから用事・仕事・スポーツなどの身体活動その他の消費分を除いたものです。この、言わば最少必要量とその内訳を見てみましょう。

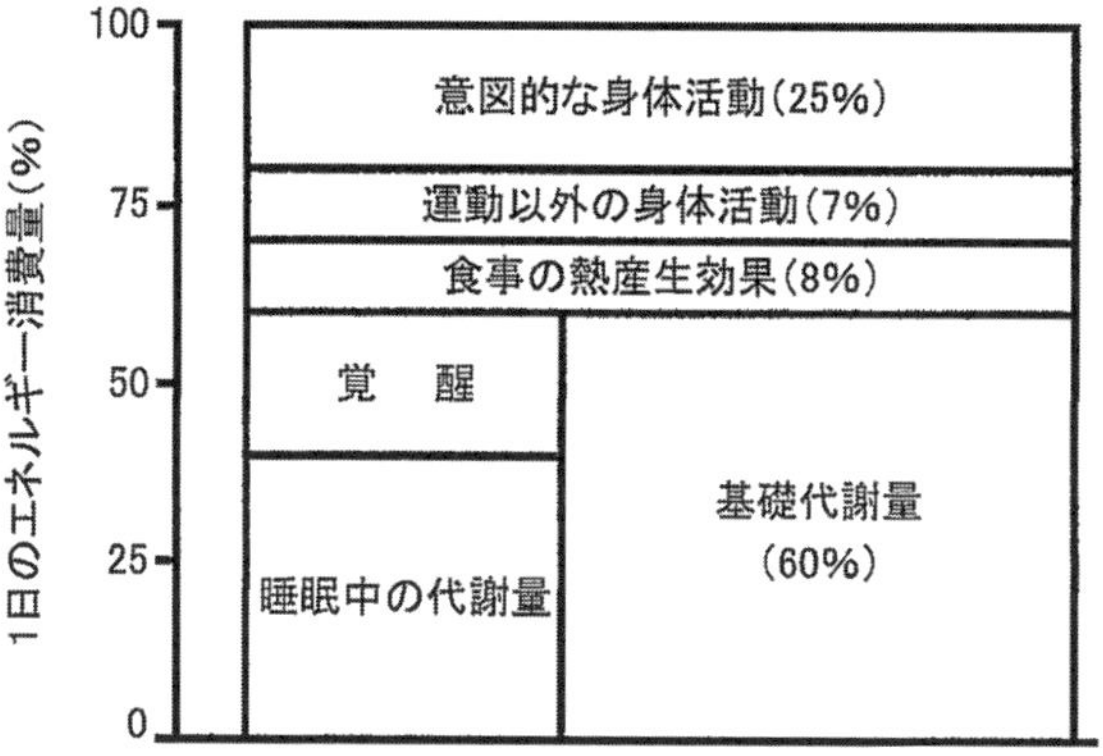

2-1 エネルギー消費の構成

ここから、私たちはたとえ寝ている間も、単に生き続けるためにエネルギーの五〇〜七〇％（半分以上！）を費やしていることがわかります。意識がなく横たわっているだけの人にも養分（もちろん水分も）が必要なはずですね。医療で最もよく使われる言葉の一つである〝バイタルサイン〟（生命の〈vital〉兆候〈sign〉）とはまさにその使い道の代表格で、体温、脈拍、血圧、血中酸素飽和度などを指します（さらに「意識レベル（中枢神経）」「尿量（腎機能）」の二つを加えることもあります）。もちろん、簡単には計測できないものの、これら以外の実に多岐にわたる各個の細胞活動にも、常時エネルギーが費やされていることは言うまでもありません。

体温を視覚的にとらえるサーモグラフィーで人体を見る

と、体表に近い部分と中心部とでは異なることが一目瞭然ですね。先に出てきた筋肉（骨格筋と心臓）の他にも、脳、肝臓、腎臓が大活躍しているので、その範囲を大まかな曲線で囲んだ部分の温度が特に高く、この領域の体温を核心温度（ほぼ三十七度です）と言います。これに比べると、筋や皮膚（真皮の皮下脂肪を含む）は熱の産生ペースが低く、体表から熱を奪われもするため、腋《わき》の下で測りますと一℃近く低くなっています。

さて、体温の元になる代謝量は、季節、年齢、性別、体格（体脂肪率）、ホルモンレベルなどによって変化しますが、その臓器ごとの割合を大まかに表しますと、心臓を一とした場合、腎臓が一、筋肉と脳と肝臓はともに二＋αとなります。これらは常時活動するので代謝が盛んな分、熱の産生量も多くなります。

このエネルギー消費量の比率（安静時）を見て、「筋肉は、肝臓に比べてもボリュームはうんと大きいのに、二割しかないのか？」と驚かれたことでしょう。実は、

安静時における臓器別エネルギー消費量（体重70kgの人の場合）

臓器	重量	代謝率	代謝量の割合
	(kg)	(kcal/kg/day)	(%)
骨格筋	28.00	13	21.6
肝臓	1.80	200	21.3
脳	1.40	240	19.9
心臓	0.33	440	8.6
腎臓	0.31	440	8.1
脂肪組織	15.00	5	4.0
その他	23.16	12	16.5
計	70.00		100.0

動いていない時の筋肉の代謝はごくゆっくりで、先にあげた他の臓器に比べれば十数分の一から二十数分の一という実にのんびりしたペースだからなのです。

実際に〝体温をつくる〟上での臓器ごとの貢献の度合いですが、詳しくはお示しできないものの、先の基礎代謝の割合と大まかに相関すると考えられます。なぜなら、栄養素に含まれるエネルギーの半分強はまず体熱になり、残りは細胞機能に使われますが、後者も物を動かすなどの外部に対してなした仕事以外はすべて最終的に熱に変わるからです。日中の身体活動も含めれば最も体温に貢献しているのは、当初の皆様の予想通り筋肉ということになります。

さらに、こうして生まれた体温を寒冷な環境でも、できるだけ温存するための合理的で巧妙な工夫がみられます。

一つ目。前段で安静時における骨格筋の産熱ペースは他の臓器よりスローでしたね。これで胴体の表面と手足の温度を体の深部よりも下げ、外気との温度差を小さくする結果、環境に熱を奪われにくくなるのです。

二つ目。エネルギーの貯蔵庫である脂肪はその名の通り皮下にあり、しかも骨格筋の外側ですね。この言わば〝筋肉の外側、下着の内側の衣〟は、熱伝導率が他の組織の半分から三分の一で、しかも温熱パイプである血管がまばらなのです。

内部の熱を外に逃がさないよう、皮下で断熱するこの工夫、どこか北国の家屋の〝外断熱〟に似ているなと思わせます（ニンマリ）。

冷え性は、特にデスクワークを長時間続ける女性などから、冬場だけでなくエアコンをつけっぱなしの夏にも聞かれる悩みです。男性でも、痩せていたりお年を召したりしますと体の冷えを訴えやすいですね。反対に、いわゆるスポーツウーマンや壮年までの男性からはさほど聞かれません。そのわけは、ここまでお読みになった皆様でしたらもうおわかりですね。

古《いにしえ》からある知恵の一つが〝頭寒足熱〟です。「頭を冷やせ」も日常でよく使われます。頭はコンピューターと同じで、オーバーヒートすると本来の機能を発揮できなくなります。そんなことにならないよう、脳の周囲に相当する体表では、筋肉も皮下脂肪も少なく（冷え性の方の共通点）、しかも汗をかきやすいことはまことに好都合ですね。

生体の各部と体温について

体は各器官からなり、器官は組織から、組織は細胞が集まってできています。その細胞の種類は多岐にわたり、それぞれの働きをもれなくお伝えすることは、限りある紙面ではとてもかないませんが、生理学・生化学・栄養学などで、〝代謝〟と呼ばれている活動は特に大事です。

〝摂取した物質を分解してエネルギーを産生したり、生体に必要な物質を生合成する一方、不要物は安全に廃棄できる形に整えるなどの働き〟とまとめられます。

この〝代謝〟を目的ごとに二大別します。

①同化……栄養素から皮膚・筋肉・骨や血液などの生体の構成成分、ビタミン・生理活性物質・伝達物質・抗体などを生合成（リサイクルを含む）。

②異化……摂取した、あるいは体内に貯蔵されていた養分を分解してエネルギーを産生したり、不要となった生体構成成分を無害化ないしは分解、そして一番最後に不要物を体外に排出。

これで整頓できましたね。以上の生化学反応のほぼすべてに水は関わります。

代謝は、一辺がわずか数百分の一㎜しかない細胞内で行われているにもかかわらず、その流れは実に多彩で複雑です。その一端がわかるものとして、健康診断や外来での採血、採尿などがあります。健診結果の通知を見ると、血液や尿など検査項目が何十も並び、それぞれの数値と正常範囲が示されていますね。ブドウ糖、タンパク質、脂質などの栄養素の類、肝臓・胆道《たんどう》系の各種酵素、腎臓では、水・電解質調整機能ならナトリウムやカリウム、血液浄化機能を示す老廃物。詳細なものですと、酸塩基平衡（ペーハー）、酸素や二酸化炭素の分圧、ホルモンや抗体、腫瘍マーカーと切りがありません。未知の物質まで含めれば、いったいどれくらいあるのか想像もつきません。正常範囲（多くの人びとを測定しての平均値に幅を持たせたもの）を外れていれば、無症状の段階でも、体質の異常、もしくは何らかの病態を教えてくれます。

代謝をミクロの目で見れば、化学反応と言い換えることができます。細胞の多彩な活動の多くは、この化学反応が元になっています。ご存知の通り、反応の前と後とでは元素の種類も数も全く同じながら、反応後にできる物質は形も性質もまるで異なるものとなっています。たとえば、ブドウ糖＋酸素→二酸化炭素＋水となります（反応式には表われませんが、もちろんエネルギーが取り出せます）。

最初に少しふれた各器官の働きは多種多様ながら、最終的にはほとんどが副産物である熱に変わります。では、その熱は役に立たないのでしょうか。要らないものとして、外部環境に捨てるしかないのでしょうか。

体温と化学反応とは、「体温が一定に保たれているからこそ、こうした化学反応が進む」と同時に、「化学反応が行われるからこそ、それによるすべての働きが、最終的には副産物である熱に代わって体温が保たれる」という相互作用を示しています。そして、お互いがお互いを支え合うこのような反応は、人間が生きている限り片時も休まず続いているのです。実に無駄なくうまくできているものですね。この〝生身〟という点が非常に大切であり、不思議でもあるのです。すなわち、私たちが平気でいられる〝体温のレベル〟で反応しているという点です。

実は、それこそ〝酵素〟という仲介者のお陰なのです。体内で起こるこのような反応を、仮に実験室や工場でやろうとすれば、非常な高温や高圧を必要とする上、強い酸やアルカリなども作用させねばならず、それでも触媒がない限り反応はちょっぴりしか進まないのです。それに対し、私たちの体内では、少なくとも数百種はあると言われる反応ごとに、それ専用の酵素が用意されているお陰で、生身の体内であっという間に変化するのです。その速度たるや、少なくとも一〇〇〇倍に、最も早まるものではゼロが二〇個つくそうです。しかも、立役者である酵素自体は全く変化しません。まるで魔法ではありませんか。

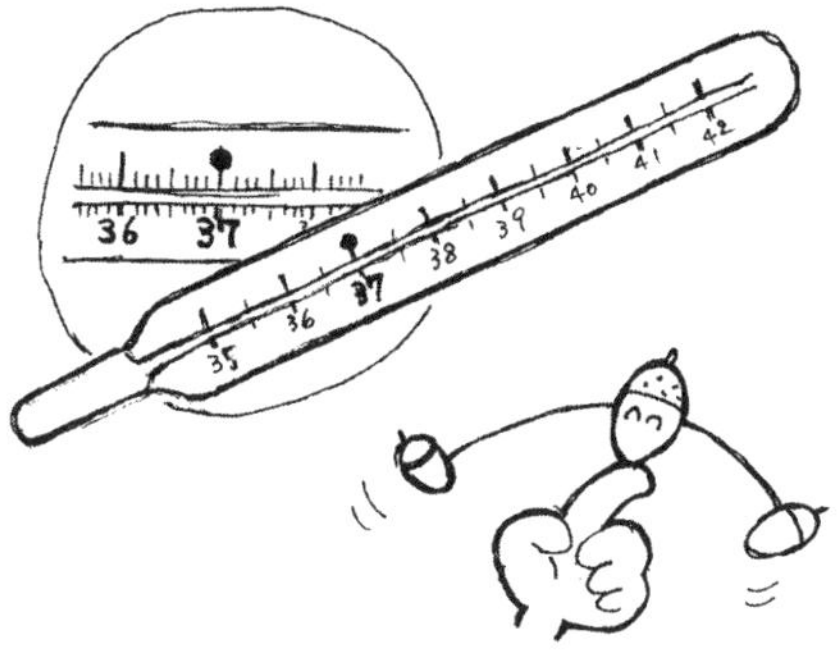

ところが、この酵素は温度の変化に非常にデリケートなため、体温からわずか数度上下するだけで、反応のスピードはガクンと落ちます。こうなると普段通りの活動など望むべくもありません。この特性から、人の体温は北極圏から熱帯まで、アルプス・ヒマラヤであろうと、砂漠であろうと大きく異なることはありません。緯度や標高、季節の移り変わりや気象、屋内外などで環境温度が変わっても、それにつられて体の中心部の体温が変わることはないのです。旧式のガラスの体温計をご存じの方でしたら、その目盛りが三十五度から四十二度までしかなかったことをご記憶かと思います（笑）。

体温調節のしくみ

ところで、ヒトの体温がほとんど変化しないのはなぜでしょうか。体温を一定の範囲内に保つために、それを調節するしくみはどうなっているのでしょうか。まず、意識して行動していることと、無意識に行われていることに分けて考えてみましょう。

意識して行動していることですぐに思いつくのは、暑い・寒いという感覚です。皆さん自身が「ちょっと冷えてきたな」とか「蒸し暑いなあ」とか感じれば、生い立ちで身につけた知識を元に、日なたに出たり、逆に強い日射しを避けたりしますね。衣服の着脱、エアコンのオンオフ、お風呂や行水、熱いあるいは冷たい飲食物を摂るなどの対処をしますね。感覚から行動が引き出されるわけです。ここにあげたのはいずれも外部に頼る調節です。

次に、無意識下で行われている調節のしくみを見てみましょう。皆さんも理科や保健体育の授業でくり返し習い、ご記憶にあることと思います。まず、体温を司っている中枢は、間脳《かんのう》の視床《ししょう》下部《かぶ》という脳の発生初期から備わっている奥深いところにあります。ここには、体温が高い時にそれを下げる「放熱中枢」と、低い時に熱を作らせる「産熱中枢」があります。体温は皮膚がセンサーとなり、脊髄《せきずい》を上がって中枢で感知されますし、中枢自体を流れる血液の温度も参考にされます。

気温の低い環境にさらされると、それが産熱中枢を刺激し、甲状腺《こうじょうせん》や副腎《ふくじん》などからのホルモン分泌が増え、その作用で、細胞内の代謝が盛んになることで熱が作られます。同時に、くしゃみや震え（いずれも筋肉）でも体温を上げようとします。また、背中にある褐色脂肪《かっしょくしぼう》も熱を産み出してくれます（体温を急いで高めたい時は、交感神経の刺激によってこの褐色脂肪が大量に熱を生み出します）。その一方で、体熱を逃がさないよう皮膚に近い血管が収縮し（鳥肌が立ち）、汗は止まり、体毛が立ち上がってできる温かな空気の層に包まれます。これらは、自律神経によってコントロールされます。

「鳥肌が立つ」という言葉、現在では本来の用法（寒冷時、不快感・恐怖感など）の他に、感動した時にも使われますが、ここでは寒さを感じた時の皮膚の変化を指します。立毛筋《りつもうきん》が縮むと毛が立ち上がるので、毛の周囲の皮膚が引っ張られて表面から隆起します。これがあたり一面に現れますと、ヒトの皮膚でありながら羽毛をむしり取った状態の鳥の皮とそっくりのぶつぶつになるので、この名があります。残念ながら、人の場合は動物たちと違って毛が退化しているので保温のほどは微力に過ぎませんが（衣服や寝具の方がスマートですし、効果的ですよね）。

反対に、体温を下げるしくみとしては代謝をペースダウンするとともに、体の表面にある血管を拡《ひろ》げ、汗をかくことで熱を逃がします。皮膚の血管が拡がるとそこを流れる血液量も増えるので、いっそう熱を体表から逃がせるというわけです。さらに効果が大きいのは汗をかくことです。

汗はそのほとんどが水です。汗は分泌される際に体熱を持ち出すだけでなく、皮膚から蒸発する過程で気化熱を奪ってくれます。水まきと同じ原理によって体を冷やしてくれるわけですね。環境温度が体温を超えると、体には否応なく熱が流れ込みますので、もっぱらこの発汗によって熱を下げることになります。夏場、風呂上がりで汗が噴《ふ》き出ている体に風を当てる時の心地よさ！「夕涼み、よくぞ男に生まれけり」とはよく言ったものです。

水の気化熱は、水一gあたり五〇〇～六〇〇㎈もありますから、汗がわずか二cc蒸発するだけで、体液一ℓ分の温度が一℃下がります。理論的には一〇ccも汗をかけば、それだけで体重八〇kgの人の全血液（約六ℓ）の温度を一度下げることができるのです。体内の水分を節約したい炎熱環境では、まことに好都合で効率的な数字と言えます。

お気付きのように、体温が上がり過ぎれば下げ、逆に下がり過ぎれば上げるメカニズムが作用するわけですが、これを人工で代行しようとすれば、体温のモニターまではともかく、冷暖房装置や、体温を調整できる静脈注射、それにホルモンや解熱剤をはじめとする薬物投与など、あらゆる手段をもってしても、原因ごとに異なる対応を、そのつどタイミングよく行うのはとても無

理ではないかという気がします。

よくできたしくみではありますが、それでも追い付かない場合は、体温が危険域まで上昇し続けます。たとえば、六～九月に多く発生する熱中症がそうです。体温が上に振り切れてしまい意識障害も見られますね。汗をかき切った後、高体温のせいで肝心の体温調節中枢そのものが機能不全に陥っているため、脱水を是正するとともに、体温を物理的に下げるしかありません。体表を氷水や冷風で急速に冷やし、血液や汗の元である水・電解質を冷却して補給することです。

余談ですが、発汗には三種類あります。暑い環境下、あるいは運動した時などの純粋に熱を下げようとする場合の他、感動や緊張など精神的なもの（冷や汗はその一つ）、香辛料や酸っぱいものなどの味覚を感じた場合も汗をかきます。興味深いことに、汗の出る原因によって場所が微妙に異なります。熱を下げようとする場合は、額《ひたい》や首、胴体の前後が主です。精神的な原因なら、手のひら、足の裏、腋の下、あるいは顔。また味覚が原因なら顔に限られます。手のひらや腋の下を不快そうにしていたら、「この人、緊張しているな！」と読めるわけです。

体の各部で体温が変わらないわけ

次に、体の各部で体温に大差がないのはなぜでしょうか。お気付きの通り、体中に全長数万km

とも言われる血管が張り巡らされ、その中を血液という温水が心臓の拍動によって全身くまなく送り届けられ、体の中心部と表面、また胴体（幹）と手足（枝葉）との間で温度差を平均化しているからですね。深部体温は三七℃でも、冬場ですと膝あたりは三一℃、指先に至っては二八℃かそれ以下と冷たい部位はありますが、それでも常に血流があるからこそ、体温の偏《かたよ》りがこの程度で済んでいるわけです。生命への関与が大きな臓器ほど、体温が変動しにくい深部に格納するとともに、四肢など末梢ではあえて代謝のペースが落ちるに任せ、総体として体温を奪われにくくもしているのです。

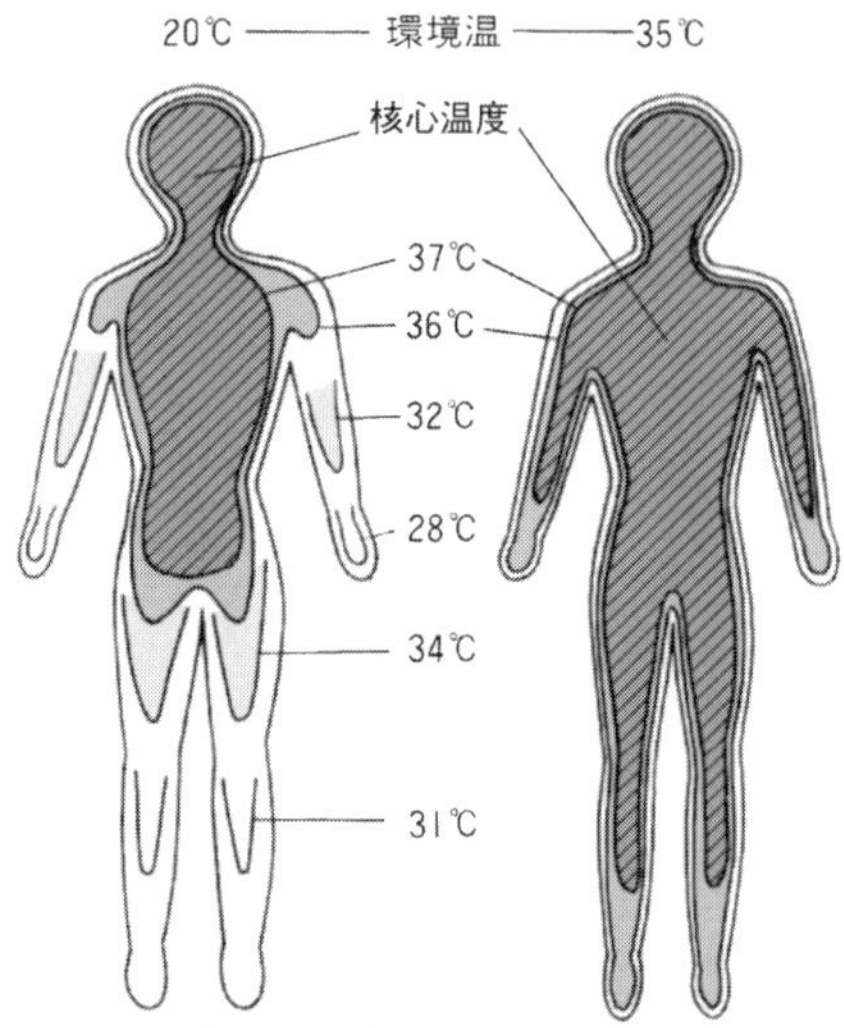

▧ 2-2 環境温と体内温

体温が変動しにくいのには水の特性も関わっています。私たちの体は水分が体重のおよそ六〜七割を占めています（この割合は、新生児が一番高くて八〇％、以降は年齢とともに下がっていきます）。そして学校で習ったことと思いますが、水はあらゆる物質の中で比熱が最大なのです。つまり、地球上の物質の中で最も温まりにくく、しかも冷めにくいという特性があります。そのお陰で、血液も細胞もたっぷりと水分を含む私たちの体は温度を一定に保ちやすいのです。

ちなみに、水を含まない屋根瓦や金属を思い出してください。日射しが強ければあっという間に裸足で歩けないくらい熱くなり、日陰では逆にヒンヤリするなど短時間で温度が大きく変わりますね。水なら長時間温度が変化しにくいという性質を利用し、文明が進んだ今でも湯たんぽや氷枕が愛用され続けているわけです。

第一章でお話ししたように、栄養素からエネルギーを取り出す（＝燃やす）反応の後には水が生じるのでしたね。そしてエネルギーは、さまざまな細胞活動に役立ちながら絶え間なく体熱（火）を生じ、それを血液（水）が隅々まで送り届けることで体温は均等化され、その結果全身の細胞は片時も途切れることなく活動を続けられます。体温が過熱気味なら、たちまち血管が拡がって血液（水）から熱を外気に解き放つ一方、汗（水）をかくことで高効率に熱を奪って体を冷やすことで正常範囲に引き戻します。こうしてみると、やはり自然界と同じく、私たちの体でも火と水とは循環しながらお互いに切っても切れない関係にあると思えてきます。

ところで、体温が異常であることは常に体にとって不利なのでしょうか。ちなみに、風邪をひいた時には熱が出ますね。体温をわざと高いまま保つようリセットされるので、それまでの体温ではもの足りなくなって寒気を感じ（悪寒）、熱を上げるためにブルブルふるえ（戦慄《せんりつ》）が起きます。そもそも体温を上昇させるようアラートを発するのは白血球なのです。病原体を捕らえて

消化した白血球は、敵の持つ毒性を感知するや発熱を引き起こす物質を放出します。これが脳に到達すると即座に先述のようなメカニズムが活性化し、時には数分で体が熱くなるのです。

こうして体温が高まりますと、高体温が苦手な病原体の勢いが弱まる一方、白血球は総動員で体内のパトロールを強化し、侵入者の摘発と攻撃が活発になるのです。すなわち、発熱は体の防衛反応といえます。皆さんは熱が出た時には解熱剤を使いたくなるかもしれませんね。この薬は放熱中枢に作用することで体温を下げています。熱は風邪をはじめとする感染症の症状には違いありませんが、先ほどお話しした通り病原体が引き起こす悪さではないのです。発熱は敵を退治するためのいわば〝武器〟ですから、敵が暴れている間は汗をかかずにその状態を維持します。そして、「これで退治できた！」となればモードチェンジし、汗がどっと出るとともに熱は自然と下がります。したがって、熱だけをまず解熱剤で下げようとすることは意味がないばかりか、却《かえ》って治りを遅くする恐れもあります。

ただ、高熱が長時間続けばこの免疫における効果は弱まり、逆に体の抵抗力が失われてきますので、受診のタイミングを誤らないような注意は必要です。

常識を超える生命の不思議

人が、恒常的に活動するための最適な体温は先に述べた通りですが、実は、人の生命力はそれほどモロくはなく、短時間なら耐えられる範囲として、一八～四三℃という説があります。上限の方は、健康人の体温と六、七℃しか差がないことにご注目ください。下限については、常識ではありえない奇跡的な生還の実例がいくつも報告されています。たとえば、人間は冬眠しませんが、次のような極低温状態での生存例が報告されています。

一つ目は、二〇〇六年十月七日に、兵庫県神戸市の六甲山で、男性が崖から落ちて骨折のため歩行不能となり、十月三十一日に仮死状態で発見されて救助される事件がありました。遭難から二日後の十月九日には意識を失い、発見されるまでの二十三日間、食べ物だけでなく、水すら飲んでいなかったのだそうです。発見時には、体温が約二二℃という極度の低体温症で、ほとんどの臓器が機能停止状態でしたが、後遺症を残さずに回復したそうです。いわゆる〝冬眠〟に近い状態だったのではないかというのです。

二つ目は、二〇一一年十二月十九日から約二カ月間、スウェーデン北部の林道で、食料のないまま雪に埋もれた車の中にいたという四十五歳の男性が救出されました。三一℃前後の低体温で冬眠状態になり、体力を消耗せず生存できたのではないかとのことです。

体温調節のしくみは、まさに神業といっても過言ではありませんね。

最後に、私たちのこの体のぬくもりの起源はどこなのでしょうか。すぐに思いつくのは、〝お母さんのおなかの中〟ですね。つまり、私たちは生まれる前からそのぬくもりに包まれていたので、細胞が化学反応を行う条件が整っていたわけです。では、私たち人間のぬくもりの遙《はる》か昔の大元は何なのか？　ご推察の通り〝お日様〟です。

いかがでしょうか。体温はほんの一例ですが、私たちの体には生命を維持するために、休みなく調節する何かが無数に備わっています。安全かつ健康に生きるための巧妙なしくみを、人の形を成す前に親神様が考えられていたからですね。骨格や筋肉、内臓、内分泌腺、感覚器、神経や血管など、形（解剖）は、しくみ（生理）によって行動（衣食住その他、人としての活動）が可能になります。そしてその作用は、大まかに次の二つを目的としている気がします。一つは「現在をより良く生き抜くため」、もう一つは「より長く生きるため」です。

こうして見ると、私たちの体は、自分の意志とは切り離されてコントロールされている、つまり、神様のお陰で生かされている部分がほとんどなのかもしれません。

卒業式などでおなじみの合唱曲『ＣＯＳＭＯＳ』は、メロディーもさることながら、歌詞にも感動がすばらしいと思うからです。（一部を抜粋）

君の温もりは　宇宙が燃えていた

遠い時代のなごり　君は宇宙
百億年の歴史が　今も身体に流れてる
光の声が　天高《そら》くきこえる
時の流れに　生まれたものなら
ひとり残らず　幸せになれるはず
みんな生命《いのち》を　燃やすんだ
星のように　蛍のように
僕らはひとつ　みんなみんな

私たちの命は、気が遠くなるような遥かな過去から続いています。太陽は恒星の一つで、その輝きは百億年ほど続くそうです。〝光の声〟は、天理教の教えである〝ひのきしん〟や〝陽気ぐらし〟〝助け合いの心〟と相通じるものがあるように思えてきます。人は、ぬくもりや光の声という恩恵を受け取り、そして連綿と伝えていくものなのでしょう。

循環器系のお働きについて

◇仙田　ぬくみのご守護について、前出の上田嘉太郎氏は、脳と心臓は、この「十全のご守護」の理に即して言えば、それぞれくにとこたちのみこと、をもたりのみことという二つの最も基本的なご守護の理に関わるものであります。（62頁）

として、「をもたりのみこと」については、「心臓」に関わるご守護の理をあげられています。同じく前出の山中忠太郎氏も、「をもたりのみこと」のお働きということについて、次のようにお話しくださっています。

……をもたりのみことについて付け加えますと、人間身の内のぬくみ、世界では火の守護の理と説かれます。ぬくみというのは体の温かみということですが、それはどこからくるのかと言うと、食事をして、そこから栄養素を取り出して、必要な物を取り込んで活動をする時に出る熱なんですね。それが体の温かさの源の一つで、代謝性の熱と言ったらいいでしょうか、人間に限らず、生き物が生命活動をする時には必ず熱が出るのです。

それ以外にも熱を造るところがあります。神経と密接に関係するのですが、交感神経を知っていますか。例えば草食動物が天敵の肉食動物に出遭うと、思いっきり走って逃げます。そのように体を強く動かす、活動を高めるという時に働くのが交感神経なんです。交感神経の一部は脂肪組織に分布していて、神経が働くと脂肪を燃やして熱を起こすという作用があります。これは人間だけではなくてすべての動物にあり、背中の筋肉の隣、背骨の左右にある脂肪が、ほかの脂肪と少し変わっていて、交感神経の働きでそこで熱を出すのです。（中略）

ですから、体の熱というのは、細胞が活動する時に出る熱と、交感神経が働いて背中の横の脂肪を分解して出す熱のその二つなんですが、体の一部で生じた熱を全身に伝えていかないと、体全体の温かさを保つことはできません。ですから、をもたりのみことのぬくみというお働きは、これは血のめぐりに関係するのです。熱を全身に伝えていくための血液の流れ、循環器系の働きが、をもたりのみことの神名で説かれているお働きにあると理解したらいいのではないかと言われています。つまり、体の隅々まで血液が行き渡り、体の一部で起こったぬくみを全身に伝えるというご守護なのです。

（みちのとも　平成30年7月号より）

このように、「身の内のぬくみ」すなわち体温は、細胞が活動する時に出る熱と、交感神経が働いて脂肪を分解して出す熱がその主な二つだとして、その熱を全身に伝えていくための血液の流れ、循環器系の働きが「をもたりのみこと」の神名で説かれているお働きにあると理解したら良いのではないかと述べられています。

つまり、「くにとこたちのみこと」の脳・神経系のお働きと、「をもたりのみこと」の循環器系のお働きは、互いに密接不可分、文字通り「二つ一つ」（相対する二つの要因が、互いに補足し合い、ともに他を成り立たせている）の関係で連動して、人体が生きていく上での主要なお働きをしてくださっていると言えましょう。

また別席のお話でも、「この二柱は実の神であります」という言葉を付け足しておられるように、親神様のご守護の中で、前章で取り上げた「くにとこたちのみこと」のご守護と、ここで見てきた「をもたりのみこと」のご守護については、神様から与わる他のご守護に比べて、レベルの違う重い意味合いを持っていることが指摘されています。

水の理・火の理――信仰的な悟り

さて、人間の体内でのさまざまな「水の働き」および「火の働き」のご守護を通して、この道の先人は、どのような理を悟ってきたのでしょう。今度は、信仰的な側面を探っていきましょう。

まずは、「水の理」についてです。水は本来、高いところから低いところへ流れる性質があります。そして水は水力発電所のダムのように、高いところにあって初めて大きな力を発揮するもの（位置エネルギーによる）ですが、自分自身では落ちていくしか仕方ないもので、火の力を借りて蒸発することで、やっと元の高いところへ上がることができます。このように、何かの力を借りて本来の働きができることに気付き「感謝する心」、自分の力だけで生きていると高ぶることなく、どこまでも「低い心」で通ることです。

第二に、「水は方円の器に従う」ということわざもあるように、水は丸い器に入れれば丸い形になり、四角い器に入れると四角に形を変えます。そのように、相手に合わせることのできる「融通のきく心」「素直な心」です。

第三に「澄んだ心」です。『みかぐらうた』（五下り目三ツ）に、「水と神とは同じこと　心の汚れを洗いきる」とあるように、水というものは自分を汚して相手をきれいにするという性質があります。お掃除のプロの方に聞くと、汚れを落とす最高の道具は「水」だそうです。窓拭きにしても、化学薬品を使うとどうしても油膜が張りますが、水でぬらした雑巾をこまめに取り替えて拭いてやれば一番きれいに仕上がるのだそうです。

第四に「たすける心」です。掃除・洗濯しかり、またお風呂で体をきれいに洗った後の汚れた水はほめられるどころか、汚いものとして外にうち捨てられます。それでも不平不足を言うこともなく、今度は地面にしみ込んで植物の種を芽生えさせるために働きます。

自分の身を捨てて何かの役に立っても、ほめられることもない。それでもなお不平を言わず、次の何かの役に立っているのが水なのです。そしてさらに、低いところへ低いところへと、どこまでも「低い心」で通ります。そんな心の人の下で、次代を生きる子どもがすくすくと育ちます。

自国ファースト、人間中心の考え方がはびこる問題の多い世相にあって、このような「水の心」を持って暮らすことで、閉塞した状況を打開するアイデアが生まれるかもしれません。

次に「火の理」についてです。三宅氏は、この「体のぬくもりの起源はどこか？」という問いに対して、〝お母さんのおなかの中〟であり、そのもっと大元は〝お日様〟だと指摘しています。

この道の先人の多くも、このお日様の理をあげて、お日様の心で生きることが「をもたりのみこと」様の思召を身につけることであり、そのご守護に報いる道であると諭しています。そのお日様の心とは、いったいどんな心でしょうか？

まず、お日様は四六時中休むことなく、この地球に光と熱を送り届けてくださいます。しかも、誰彼の隔てなく、すべてのものに満遍なく恵みを送り続けてくださり、この世に生きとし生ける生命をお育てくださっています。温かいところには花が咲き、樹木は茂り、農作物も良く育ちます。そのお陰で、私たち人間も含めた動物はこの地球上に生存し続けることができるのです。お日様の心とは、このように明るい心、隔てのない公平な心、絶えることなく続ける心、すべての物を産み育てる慈愛の心、何も見返りを求めない無償の心、母親の胸に抱かれたような温もりのある温かい心です。

明るい心は周囲を照らします。照らされた道は歩いても危なくありません。心の闇路に迷い込んだ人も、明るい心の人を頼りとして暗闇の中から抜け出せます。夜の暗がりを一人行くのは心細いものですが、懐中電灯一つあれば何とかやり過ごすことができます。しかし、人生には「夜の暗がり」よりもっと怖いものがあります。『おさしづ』に、

夜の暗がりは通れるなれど、昼の暗がりは通れん。

（明治三十四年十月十三日）

というお言葉があります。人生行路の怖い苦しい局面でも、親神様という灯を頼りに通れば無

難に通り抜けることができるものですが、「昼の暗がり」、つまり自分の知恵・力のみに頼る驕《おご》り高ぶった生き方は、生涯通れると思っていたら違うという戒めです。

火は「勢いのある心」です。蒸気機関の発明が産業革命を一気に推し進めたように、水と火が、「二つ一つ」の働きをすれば、人間世界を一気に変革させる力があります。たとえば、蒸気機関の装置の中にたっぷりの水があれば、火は燃料と風をどんどんと送ってもらうことで燃え上がり、蒸気の力を最大限に利用することができます。しかし、ここにある〝やかん〟には、水がわずかしか入ってなかったとしたら、下から無際限に火を送ってしまえば、水はすぐに蒸発してしまって中は空っぽになり、やかんが破損するばかりか場合によれば大惨事になる恐れがあります。火は勢いのあるものだけに、気をつけなければならないのが〝加減〟です。

水が上から下に落ちていく性質があるのとは反対に、火は下から上に燃え上がります。しかし、無際限な燃え上がりはすべての物を焼き尽くし、最後には自らも消えていかねばならない運命となります。そこで、それぞれの物の特性を上手に引き出すことのできる調整力が欠かせません。梅干しを作るときのちょうど良い塩加減を〝塩梅《あんばい》〟と言いますが、まさに火の理は、塩梅の心が決め手となります。

毎夏、おぢばでは「こどもおぢばがえり」「少年ひのきしん隊本部練成会」「学生生徒修養会（学修）高校の部」など、青少年の育成のための諸行事が開催されます。以前、私は「学修」の本部スタッフを九年間つとめさせていただきましたが、ある年の夏、事前のスタッフ研修会で、当時表統領であられた飯降政彦先生から、こんな熱い言葉をいただきました。

「皆さん、おぢばの夏は蒸し暑い！　おぢばの夏はヤブ蚊が多い！　でも皆さん、その暑いおぢばで若者が育つんです！　皆さんの『どうでも人をたすけたい』という熱い心で、子どもたちと向き合っていただきたい。スタッフ全員の誠の心で、この一週間、どうぞよろしくお願いします！」

飯降先生のこの名スピーチでスタッフ全員が勇み立ち、水のような低い心と、火のような熱い心で、子どもたちに真正面から向き合うことで、例年に増して感動的な出来事の多い学修になったことは言うまでもありません。

熱い心、温かな心は、夏の専売特許ではありません。『稿本天理教教祖伝逸話篇』（以下逸話篇）の四四に「雪の日」というお話があります。

明治八、九年頃、熱心に信仰し始めていた増井りん先生が、朝からの大雪の日に徒歩でおぢばがえりをされました。吹雪の中、大変な苦労をしてやっとの思いでお屋敷にたどり着いたところ教祖は、そのりん先生の冷え切った手をご自分の両方のお手でしっかりとお握りくだされて、こんな温かいお言葉をかけておられます。

「ようこそ帰って来たなあ。親神が手を引いて連れて帰ったのやで。あちらにてもこちらにても滑って、難儀やったなあ。その中にて喜んでいたなあ。さあ〳〵親神が十分々々受け取るで。どんな事も皆受け取る。守護するで。楽しめ、楽しめ、楽しめ」

吹雪の日に、約三〇キロの道のりをおぢばへ徒歩で向かうということは、普通なら考えにくいことですよね。おそらく余程の事情があったのでしょう。りん先生は、いろいろと困難な事情が起こって心が折れそうになっていたのか、あるいは、命のかかったおたすけに掛かっていて、親神様に受け取っていただける心定めとして〝おぢばがえり〟を決行したのか、いずれにしても、特別な事情があったことが推察されるところです。

そんな中で、凍えた手を教祖にしっかりと握っていただいて、りん先生の誠真実の心を確かに受け取ったと太鼓判を押してもらえたこと、そして先を楽しんで通ることの大切さを諭していただいたことで、その手の温もりとともに心の不安が一遍に吹き飛んで、りん先生の胸のうちに熱いものが湧き上がったことは容易に想像できます。

親神様の体内での水分調節、体温調節のご守護に対して、何とかしてご恩返しがしたいと思うなら、こうした〝水の心〟と〝火の心〟を日々実践することが信心の勘所です。

第三章 くにさづちのみこと

くにさづちのみこと　人間身の内の女一の道具、皮つなぎ、世界では万つなぎの守護の理。

◇**仙田**　まず、「人間身の内の女一の道具」。これは女性の生殖器官のことです。考えてみれば、この生殖器官がなければ子孫を残すことができないのですから、人間がこの世に存続し続けるためには、一番大切な道具の一つと言えます。この点については、第九章で詳しく見ていきたいと思います。

次に「皮つなぎ」。この言葉から連想するのは、まず人間の体を包む皮膚ですが、加えて、内部の皮膚とも言うべき内蔵、血管、さらに粘膜のようなものも含まれると思います。筋肉は、体温を作り出す場所であるという点では、をもたりのみこと様のお働きであると言えますが、一面、骨をはじめとする人体のあらゆる場所をつないでいるという意味からは、くにさづちのみこと様のお働きであるとも言えます。

いずれにせよ、人の体は昼夜の別なく活発な代謝をくり返しながら生命を維持しているわけですが、そのための一連の働きの上で、「つなぐ」という働きはなくてはならない重要な役割を担ってくれているのです。

それでは、三宅先生に詳しく教えてもらいましょう。

皮膚の構造

◆三宅　「美人と言うも皮一重」とか、「皮一枚でつながった」という言葉を耳にしたことがおありと思います。どちらにしても「たかが皮」、いかにも中身が無く、ただの被《おお》いに過ぎない、取るに足りないもの、とでも言わんばかりです。しかし、もしもその皮がなかったとしたら……。運動会などで転んで膝や手を擦《す》りむいた経験は大抵《たいてい》の人がお持ちでしょう。表面がごく薄く剥《む》けただけなのに、あのヒリヒリする耐え難い痛み！　そっと触れることさえ、その痛みを思えば怖くてとてもできません。ましてやヨードチンキを塗るなどというのは責め苦以外の何物でもありません（苦笑）。消毒を済ませ、絆創膏《ばんそうこう》も貼《は》ってようやく泣き顔も元に戻り、普通に行動できるよう手当てを終えた時の安堵《あんど》を思い出しませんか。

私たちの体は命の水がみすみす失われたりしないよう、丈夫な肌で被われています。皮膚がその役目を果たせなくなった例として、赤黒く焼けただれ、血液その他の水分が為《な》すすべもなく流れ出していく様を思い浮かべてみてください。

仮に一切の皮膚がないとしたら、私たちは特殊な溶液（さまざまな電解質や養分、薬を含み、弱アルカリ性に調整された無菌の生暖《なまあたた》かい液体）で、内部を満たした潜水服のようなもので全身を包んだまま、この液体をたびたび取り換えつつ、一生を過ごすしかないと考えられます。

皮膚は単なる袋ではありません。また、単なるバリアでもありません。生きて活発な代謝を行い、さまざまな役割を担っている、なくてはならない器官なのです。三分の一を失うと命が危険にさらされ、半分を失うと死が待っています。普段は気が付きませんが、全身が肌で被われていることの有難さを忘れてはいけません。これからその「皮一枚」の有難さについて、まず構造を、次にその役割についてお話しします。

皮膚は、解剖学の教科書でも扱いはうんと小さいのですが、実は面積でも重量でも人体で最大の器官です。大人ですと面積はおよそ畳《たたみ》一畳《じょう》分、一・五〜一・八㎡もあります。重さは約九kg、体重の一五％を占めます。ご存じと思いますが、皮膚は三層からなっていて、表面から順に表皮《ひょうひ》、真皮《しんぴ》、皮下組織《ひかそしき》に分かれます。厚みは場所によって違いますが、表皮と真皮で数㎜です。これらは足の裏、次いで手のひらが特に厚く、反対に一番薄いのは瞼《まぶた》です（それぞれが逆だったら……と想像してみてください）。さらにその下の脂肪を含む皮下組織を合わせると、数㎜から数㎝となります（まれに一〇㎝を超える人も！）。

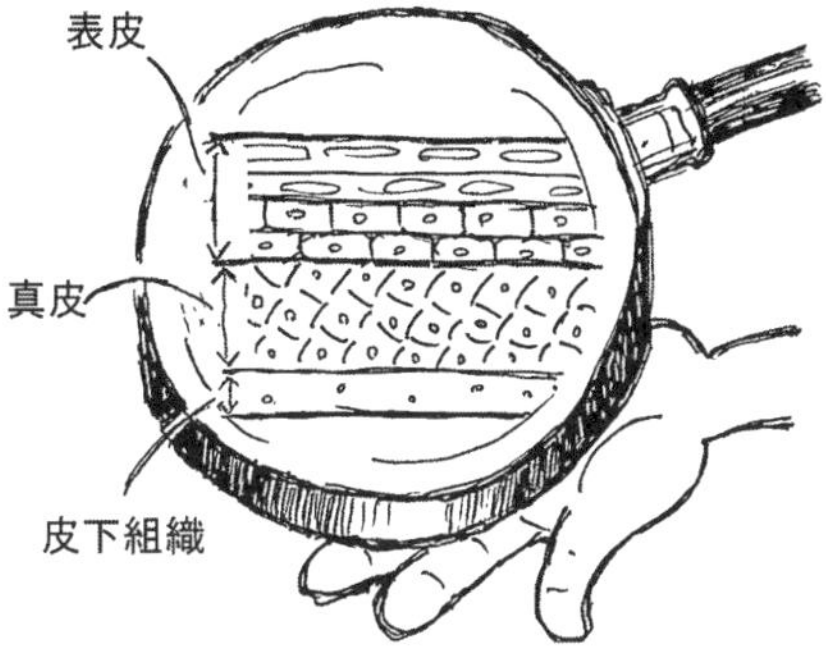

▧3-1 皮膚の構造

表皮には毛が生えていますね。その向きはデタラメなのでしょうか。あちこちを観察してみるると、部位によって生える向きが決まっているでしょう？（つむじはマチマチですが）。これは、私たちのはるかな祖先が水生動物であった頃の、水中を動き回るのに都合の良かった向きに由来します。

ところで、手を使い過ぎて指紋が消えてしまったご経験は？（笑）。表皮の最表面は硬くて、ケラチンという硬いタンパク質でできた細胞がレンガの壁のように重なっていて、角質層《かくしつそう》と呼ばれ、約一カ月の周期で入れ替わります。ケラチンは爪の主成分でもあり、これが水虫の大好物という点が困りものです。

手のひらには、いつも適度な湿り気がありますね。角質層の隙間中に水分が染み渡っていることと、毛穴から出る皮脂が汗と混ざった膜が表面を被って水分の蒸発を防いでいるからなのです。この湿り気のお陰で、私たちの肌はひび割れずに、なめらかさや柔軟性、傷つきにくさを保っています。ツルツルの食器や携帯電話を持っても落とさずに済み、新聞を一ページずつめくるという芸当もできます。また、食卓にこぼれたお菓子のくずやお砂糖の粒、床に落ちた髪の毛などを指先にくっつけて拾うこともできますね。

ほんの数例ながらいずれも、薄い布手袋をはめただけで非常に困難となります。おもしろいことに、滑り止めの役割も持つ手のひらと足の裏には、毛がまったく生えていません。そればかりか、何にでも吸いつきやすいよう各人各様に彫《ほ》られた溝が、まるで箒《ほうき》でなぞったばかりの石庭のように施されています。特に指先は、手も足も吸盤《きゅうばん》みたいな模様となっています。古今東西ただ一つしかない芸術品であり、信頼できる身分証明でもあります。どうか大切にしてください(笑)。

さて、やはり目には見えませんが、感覚点と呼ばれるアンテナが体の表面全体に無数に張り巡らされています。ちなみにその数、痛覚二〇〇万、触覚五〇万、冷覚二五万、温覚三万だそうです(十九世紀にはわかっていました)。これらのお陰で、ひどい火傷《やけど》や深い傷はめったに負うことなく済んでいます。熱い飲食物をいただくときも、飲み込む前に無意識のうちに適温に近づけていますね。肩や背中の凝《こ》りに悩んでいる私は、ある日按摩《あんま》をお願いしました。その方のとても上手な手技《しゅぎ》の後、お札《さつ》をお渡ししました。目の不自由な方でしたが、指でお札の表面をさっとなぞっただけで本物と偽物《にせもの》との微妙な差がわかるようでした。人の触覚は、ここまで鋭くなれるのかと驚いたものです。

痛覚では、注射を思い浮かべる人も多いのではないでしょうか。仕事柄、年に何度か予防接種をいたしますが、腕の表面で痛みをさほど感じない部位、言い換えると、特に痛点が少ないポイントをある医師から教わりました。そこを狙って注射針を刺すと、確かに「痛くなかった」と言ってもらえることが多いので重宝しています。

また、指先の傷は格別痛かったり、耳や舌先はなぜか敏感だったりしますね。猫を飼っている人は、長いヒゲがその代わりをしていることにお気付きと思います。障害物などに触れやすい部分の感覚が研《と》ぎ澄まされているのも、神様の配慮なのでしょうね。

表皮の下には真皮があり、ここには血管や神経、分泌腺、毛根とそれを立たせる筋肉などがあります。血管が、養分や老廃物、酸素、ホルモンなどを運び、神経が前段の感覚に関わることは、皆さんが想像している通りです。真皮と皮下組織には、皮膚の緊張を保つための弾性繊維《だんせいせんい》・膠原《こうげん》繊維《せんい》その他も縦横に張りめぐらされています。

真皮の下は皮下組織で、ここには血管や神経のほか、これもご存じの通り随所《ずいしょ》に脂肪が蓄《たくわ》えられています。脂肪は、特に何もしていないように思われ、贅肉《ぜいにく》などと有難くない別名もありますが、保温や緩衝《かんしょう》のほか、脂質に溶けるビタミン（A・D・E・K）その他の栄養素の備蓄なども担っていて、見かけによらず大活躍しています。皮下脂肪は二次性徴において女性特有の体型、すなわち丸みを帯びたフォルムを成し、部分的にボリュームアップするなど、魅力化になくてはならない立役者なのです（本論から外れている、と眉をひそめる向きもおありかも知れませんが）。

一概に〝贅肉〟などと、迷惑がった蔑称はおやめになっては（苦笑）。

皮膚の役割

それでは、ここから皮膚の役割を中心にお話しします。この章の冒頭で軽くふれたように、外来の刺激に目を向けますと、皮膚は外力の他、化学物質や病原体に対してもそれらをブロックないしは緩和する防波堤としての役割を果たしています。

化学的な害では、料理する際の食塩やお酢をはじめとする調味料、お風呂や洗濯で使う入浴剤・洗剤、消毒の際のアルコール、事務用インク、機械油などありとあらゆる物質から、それこそ薄皮一枚で内部を保護してくれています。

外力に対しては、クッションともなる皮下脂肪とともに、深いところにある骨や内臓、そして皮膚自身をも保護しています。もちろん髪の毛なども一役買っています。物理的な刺激としては、外力以外にも、光（目に見えない波長も）や熱もありますね。皮膚には元々これらを通しにくい性質があり、光に関して言えば、ＤＮＡを損傷する紫外線の内部への透過を防ぐしくみも備わっています。唯一の弱点と考えられる目でさえ、水晶体（レンズ）には、これを遮断する成分がちゃんと用意されているのです。不思議なくらいうまくできていますよね。

角質層が摩擦《まさつ》に強いことは先に述べました。試《ため》しに、手の甲にボールペンで何かを書き、消しゴムでこすってみましょう。皮がむけたでしょうか？　健康な皮膚なら、文字だけが消えて皮膚は元のまま残っているはずです。何かのせいで仮に傷つき血が出たとしても、時間とともに自然と治ってしまいます。当たり前のことですが、これが衣服や車についた傷なら「放っておいてもいつの間にか直っていた」などということはありませんね。

外力を跳《は》ね返し、元の形を保つためには、弾力性（お肌のハリ）も必要です。どんなに大笑いをしようが、お母さんにほっぺをつねられようが、机の角に太ももをぶつけようが、へこんだり引っ張られたりしたところはすぐ元に戻りますよね。間違っても「笑い顔のまま固まっちゃったので、仕方なくそのまま登校した」なんてことはあり得ません。これは、皮膚に張り巡らされた弾性繊維（エラスチンほか）や膠原繊維（コラーゲン）のお陰です。ともにタンパク質で、弾性繊維には引っ張っても元に戻る性質が、また膠原繊維には引っ張られてもそうやすやすとは伸びない強さがあります。膠原と和訳したのは音の響きも生かした名訳ですよね。その名（膠《にかわ》）の通り接着する作用があるので、組織が自らの形状と互いの位置関係を保つのに役立っています。

コラーゲンは健康食品の広告でよく見かけますが高価ですね。本当を言うと、食べたコラーゲンがそのまま皮膚に使われることはなく、一旦はアミノ酸にまで分解され、再び他のアミノ酸とともに各種のタンパク質に作り変えられるので、わざわざ買ってまで食べても、コラーゲン合成に使われるとは限りません。もっとも、合成に必要となるアミノ酸を多く含む食品には、スジ肉や軟骨、鶏や魚の皮、フカヒレなどがありますので、お手軽な食材としては、小魚が有効かと思います。

エラスチンは、皮膚以外では血管に多く含まれ、これが豊富にあるうちは皺《しわ》ができにくいのですが、残念ながら加齢に伴い質・量ともに低下していく運命です。ついでながら、ヒアルロン酸もよく聞きますね。赤ちゃんの肌がぷるんぷるんしてみずみずしいのは、水を引き寄せて組織を膨張させるヒアルロン酸とその仲間の物質を多く含むからです。こちらも年とともに失われていきます。

皺は、顔だけでなく、腋や膝、肘、指の節々など、伸縮する部分には必ずと言っていいほどできます。老化と関連することでもあり、見た目も良くないのですが、このお陰で痛みをともなわずに自由に体を動かせるのですから、むしろ感謝すべきなのでしょうね。

皮膚には、さまざまな感染を防ぐという大切な役割があります。体の外側だけでなく消化器、呼吸器、泌尿器、性器などの器官は、外界とつながっているだけに、常に有害微生物に脅かされています。下痢をした（急性腸炎）、喉が痛んで咳や痰が出る（上気道炎）、おしっこが近い（尿道炎、膀胱炎）というのはよく聞くところです。体の外側について言えば、弱酸性に保つことや、あらかじめ無害な微生

物に占領させておくことで、本当に有害な微生物が簡単には侵入できないしくみになっています。口や腸の中、女性性器でも同様です。一方、呼吸器や泌尿器は、ごく入り口に近い部分を除けば無菌です。

以上から、乾燥や有害な刺激、感染を防ぐために皮膚や粘膜はなくてはならないものだということは、誰にでもおわかりいただけると思います。第一章でも例として挙げましたが、ミカンやリンゴの皮をむいて、しばらくそのままにするとどうなるでしょうか。見る見るうちに乾いたり、色が変わったりしますね。また、しばらく時間がたてば、ばい菌やカビがはびこって食べられなくなります。

皮膚からは、汗以外にもさまざまなものが分泌されています。時には弱った腎臓（場合によっては腸や肺）に代わって余分な水分や老廃物を排泄することで、体を内部から掃除したりもします。分泌された成分も単なる無用の廃棄物ではなく、分泌後に皮膚の保湿や保護に役立ったり、常在の微生物を養うのに有用だったりします。神様のお考えになることには、本当に無駄がないですね。

第二章で詳しくお話ししたように、皮膚は体毛、感覚点、汗腺、表皮下の血流、皮下脂肪などで体温調節において大いに活躍しているのでしたね。物理的な刺激である光や熱は体温に影響しますが、ここでも皮膚はその変動を防いでいるのです。ポカポカする日差しは心まで温めてくれるものですが、強すぎる日差しから体を守るため、皮膚の表面にはそれを遮断《しゃだん》する色素（メラニン、カロチンほか数種類）が配置されていて、必要に応じて増減します。

吸収も皮膚の大切な役割です。カルシウムの吸収に必要なビタミンDを合成するため日光を吸収しています。お薬でも塗り薬や貼り薬がありますね。クリームや軟膏《なんこう》、痛み止めの入った湿布、心臓病の発作を予防する貼り薬もあります。口の中やお尻の粘膜は特に吸収力が強いので、舌下《ぜっか》錠《じょう》（ベロの裏側で溶かします）や坐薬《ざやく》が古くから使われています。

光や化学物質のほか、酸素も取り入れています。もっとも、皮膚呼吸は人では退化していて、呼吸に必要な酸素の一%ほどしか取り入れることができません（余談ですが、動物によっては、たとえばミミズは完全に皮膚呼吸を、また鰻《うなぎ》も夜間には陸に這《は》い上がったりすることから、これを発達させていることがわかります）。

本論からやや外れることかもしれませんが、皮膚はとりわけ顔において、人相として個人個人の識別に役立っていると言えます。もっとも、目、耳、鼻、口は、いずれも感覚器や骨格・歯とも大いに関係しているので、またの機会にお話しできればうれしいです。

冒頭でご紹介した言葉ですが、決して美人を貶《おとし》めるつもりはありません（神様のなさることに無駄や誤りは一つもありません）。元来、日本人女性の肌は、きめの細かさ、なめらかさ、張り具合、色合い、産毛などの点で世界一美しいと言われています。天理教の教会誌にも笑顔美人があふれていますね。二十一世紀に入り、体格でも文字通り欧米人と肩を並べるくらいになった今日、どうやら〝向かうところ敵無し〟の様相を呈《てい》してきたなと、ほくそ笑んでいるのは私だけでしょうか……？

皮膚の有難さに感謝しつつ、くれぐれもお手入れを怠ることのなきよう！

変わらないもの

◇**仙田**　三宅氏は、「皮つなぎの守護」を象徴する皮膚について、ただの覆いに過ぎないと思われがちな地味な印象の組織にもかかわらず、その構造や役割の重要性についての耳寄りな情報を数多く教えてくださいました。皮膚は、解剖学の教科書でも扱いはごく少ないものでありながら、実は面積でも重量でも人体で最大の器官であり、代わり映えのしない袋ではなく、活発な代謝によって絶えずリニューアルし続けている、人の命を維持する上で必要不可欠な器官であることがわかります。

前出の山中忠太郎先生は、平成三十年五月の本部月次祭における神殿講話で、次のようなお話をされています。

自分がけがをしたと仮定していただきたいのですが、それぞれどんな手当てをされるでしょう。大きいけがなら、病院へ行って治療してもらうことになるでしょうが、小さな傷の場合は、以前なら、ばい菌が入るといけないからといって、商品名を申すことはできませんが、赤やら黄色やら、また無色の消毒薬を何回もべたべた塗ることが多かったのではないでしょうか。傷口は乾燥させておかないと早く治らないとか、かさぶたは取ったほうがいいとか言われたこともあるかもしれません。

いまは、消毒はほとんどせずに、傷をきれいな水で洗ってから、傷が乾かないようにするのであります。傷口に消毒薬を塗ることは、傷を治す力まで弱めてしまい、かえって治りが遅くなることが分かっています。

また、手術の前に体の毛を剃《そ》ることも、いまはほとんど致しません。毛を剃ると、一見きれいになったように見えますが、実はカミソリで皮膚に細かな傷がつき、それが皮膚の働きに悪いことをする結果、かえって化膿《かのう》の原因になることが分かってきたからであります。

このように、時代を経て、ずいぶん治療方法が変わってきた例がいくつもあります。もちろん当時は、それでいいと判断して行われていたのですが、実はそうではなく、新しい事実が分かったという例であります。

重要なことは、この間、傷を治してくださる親神様のご守護は一貫していて、何一つ変わっていないということであります。変わったのは人間の考え方であり、受け取り方であります。

親神様がせっかく守護してやろうと思召《おぼしめ》されているのに、人間思案がその邪魔をして、ご守護を十分に受け取れないどころか、むしろご守護を拒絶することにさえなる。そんな状況があるのではないかということであります。

（みちのとも　平成30年7月号より）

医学の進歩と親神様の守護の関係を、端的に説明してくださっているお話だと思います。もちろん、長足の進歩を続けている医療技術は、現代社会においてなくてはならないものですが、その一方で、命が健やかに生かされている根本の原理というものを、いつの時代にもしっかりと押さえておくことの必要性を指摘してくださっています。

天理教の身体観

さて、既出の上田嘉太郎先生は、表統領という立場であられた平成二十六年十一月、衆議院第一議員会館にて開催された「道の国会議員の集い」において、「かしもの・かりもの―天理教の身体観・死生観―」というテーマで講演されました。そこで、天理教の世界観・身体観について、次のように述べておられます。

（前略）この世は神の体である。これは、言わば天理教の世界観の基本であります。そして、神の体である世界の一部を、我々人間も人体としてお借りしているということであります。

これは、その意味では天理教の身体観の基本です。人間の体、誰しもこれは絶対に自分のものだと思っている。大抵、自分の所有物と申しましても、生まれたときから持って出たという人は無いわけでありまして、人にもらったり、買ったり、色々するわけです。また、自分の所有物ですから、売ることも出来れば、捨てることも出来る。失くしたり、盗られたりということだって無いとは言えない。しかし、自分の体だけは一生ついてまわるわけですから、これだけは自分のものだと思っているんですが、それを神のかしもの、人間からいえば、かりものだと仰っているところに、教祖の教えのユニークさがあるように思います。

考えてみれば、一つの受精卵細胞が、外界から物質を摂り入れながら成長し、やがて三十七兆もの細胞からなる人体に成長する。逆に、死ねば直ちに体は分解し始め、自然に帰る。火葬しようが、土葬しようが、人体を構成していた物質の総量は変わりません。自然に溶け込んでしまっただけです。当に神の体である自然から、体を作る物質を借りて使い、使い終わるとお返ししたという感じであります。

そこから、神の体であるこの世と、その一部である人間の体は一つの同じ理法、天理によって支配されているということが導かれます。それが、十全の御守護の説き分けにおいて、例えば、「くにとこたちのみこと　人間身の内の眼うるおい、世界では水の守護の理」というように、人体と世界における御守護の理を一つの神名の下に説き分けている根拠になります。

これは、ギリシア哲学でマクロコスモス、ミクロコスモスという言葉を用い、人体と世界とを類比する教説を想起させるものがあります。

（『表統領上田嘉太郎講演録「道の国会議員の集い」陽気ぐらし／家族観／身体観・死生観』天理教表統領室より）

変わらないものという視点で見れば、こうした大自然の摂理から眺めてみても、親神様のお示しくださる「かしもの・かりものの理」は、悠久の昔から変わらない〝不変の真理〟であると言えるのではないでしょうか。

たとえをもって教えられる神意

元はじまりのお話では、くにさづちのみことの泥海でのお姿は、「かめ」という動物だと教えられます。これは、「亀が人類の祖先だ」というようなことを述べたものではありません。江戸の末期から明治の初期にかけて、この教えについてきた人びとの多くは学問を持たない民衆でした。そのような人びとに、体内におけるつなぎの働きの深奥を、いかにして伝えるかと親神様が考えた時、当時の大和地方において、人びとが身近に見ることができた動物にたとえて、親神のお働きの巧みさを直感的に、しかも情緒の面からも得心できるように伝えるための配慮の一つだったのではないかと、私は思っています。

さて、亀という動物は生物進化の過程で、太古からその形態をほぼ保ったまま今日まで生き続けている種だということです。また亀は、身を低くして、泥にまみれながら、ゆっくりと移動します。そのようなことから連想されることは、「長く続く」「変わらない」「泥臭い」「地味」「ゆっくり」といった言葉があげられます。

また、『こふき本』では、くにさづちのみことの裏守護は「禅宗」と教えられます。裏守護とは、十柱の神の守護の理を、従来の神仏に見立てて諭されたもので、『一四年山澤本』の一〇二で、「くにさつち　このかみさまハぜんしゅ……」と記されています。これについても同様に、比較宗教論の立場から述べられたというのではなく、むしろ、親神様がこの世に現れるまで、個人の守り本尊として信仰していた仏が、実は親神様の十全のお働きの一つを果たすものだったことを得心させることに重点をおいた、一つのたとえなのではないかと思われます。

さて、禅宗の有名な公案（修行者が取り組む問答）に「趙州洗鉢《じょうしゅうせんぱつ》」というものがあります。趙州とは中国唐代の名僧で、ある修行僧が趙州に「私をどうかお導きください」と教えを請《こ》います。即座に趙州は「君はもう朝ご飯を食べたのか？」と問います。僧は「はい、もう食べましたが……」と応えます。すると趙州は「では、その鉢を洗いなさい」と言い放ちます。その瞬間、この修行僧は仏法の何たるかを悟ったというお話です。

「悟りを得る」という難題を解く鍵は、今やるべきことを粛々と手を抜かずやり続けることにあるのでしょうか。身を低くして、ゆっくりではあるけれど、着実に歩を進める亀の動きから、そのような姿勢をイメージすることができます。

型破りと形無し

歌舞伎界の大看板であった第十八代中村勘三郎は、日本の伝統芸能である歌舞伎を、この国のより多くの人びとに、また世界中にひろめるために、さまざまな革新的な試みを精力的に行ったことでも有名です。その彼を悼むテレビ番組で、次のような名言を聞いて感銘を受けました。

「型破りとは型のある人がやるから型破り。型のない人がやったら、それは形無し」

彼が、まだ「勘九郎」を名乗っていた十九歳頃のこと。唐十郎の歌舞伎を見て感動し「俺もあのような歌舞伎がしたい」と、父である先代の勘三郎に話したところ、「百年早い。そんなことを考えてる間に百回けいこしろ」と叱責されました。まだ若かった勘九郎にはその意味がよくわかりませんでしたが、ある時、「こども電話相談室」というラジオ番組で、ある回答者が言ったこの言葉で、やっと父の言葉の意味がわかったのだそうです。それは「古典をしっかり学んで自分の型をつくれ。未熟な者が土台も無いのに新しいことをやるな」という意味があったのだと。

それから勘三郎は、歌舞伎の古典はもとより、能、日本舞踊など、日本の伝統芸能と言われるものに真摯に向き合って精進し、日本人としての心性までも追求しました。そして、その上で先輩のものまねではない、型破りな試みを次々と成し遂げることができたのです。

いつの時代にも人は（特に若い人は）、代わり映えのしないことや、泥臭いことにあまり魅力を感じないもののようです。しかし、伝統芸能の世界だけでなく、スポーツの世界でもしっかりとした土台が身についていなければ話になりません。

私は小さい頃から高校まで、野球部に所属していましたが、打者が外角球を打つ時と内角球を打つ時では、バットの振り出し方やボールを捉えるポイントが変わります。しかし、そのことを頭で理解しているだけでは、実戦ではほとんど役に立ちません。考えている間に、ボールは捕手のミットの中に納まってしまうでしょう。なぜそうなるのかという基礎理論に納得したら、取りあえず、頭で考えなくても体が自然に反応するようになるまで、何回も何回も反復練習をします。その上で、相手投手の力量と自分のそれとを考え合わせて調整したり、時にはその常識を破ったりして初めて、実戦の場でヒットが打てるのです。

お道の信仰では、「かしもの・かりものの理」を心に治めることが一番の基本だと思います。私は若い頃、「現代のこの世界に神はいるか？」と、いささか懐疑的に思い悩んでいました。そのことをもっと具体的に言うと、「私の脳の中で考える世界に神がいるか？」という疑問だったと言えます。しかし本当は、「人間の世界に神がいるかではなく、神様の世界に私たちは入れていただいて生かされている」存在だと言えないでしょうか。

自然科学の長足の進展により、大自然の営みの謎が一つ一つ明らかになってくるにつれて、人間の力はなんとちっぽけで、取るに足りないものであるかという事実に直面させられます。自然は、人間の力ではどうすることもできない絶大な力で運行されていて、その生態系は絶妙なバランスで調和が保たれています。私たち生き物は、自然界の片隅で生かしていただいている存在に過ぎません。それは、私たちの体の中で起こっていることもまた同様です。この大自然の働きが無くなったならば、たちまち「神はあるか？」を考えている人も生きることができない、頼りない存在であるということが本当のところでしょう。ならば、今日も私を生かしてくださっている〝大いなるもの〟に深い感謝の念を持って生きる。その上で、大いなるもの（天理教では親神）の意思に添って生きることが肝心です。

私共の教会では、そんな生き方をするために『信者の栞』を日々拝読しています。この小冊子は、あまり知名度は高くありませんが、昭和二十一年四月十八日に発行されたもので、その初版は、教典の編纂責任者でもあった当時の天理教校長・山澤為次氏が発行人となっています。その小冊子に書かれている事柄は、この道の先人がどんな困難な中も自ら実行し続け、そして変わることなく残してきた、お道の信仰における基本中の基本姿勢だと言えます。もしもそれがあやふやになると、信仰も「形無し」の状態だということです。

基本をしっかりと学ぶ、そして身につけるということが、結果としてその世界で生きていく上での大きな自信になるのではないでしょうか。また、その世界の先人が積み上げてきたものには、どんなに時代が変わっても、変えてはいけない大切な基本が必ず存在するはずです。そこで、どうしてそれが基本なのかをしっかりと学ぶこと、その上で勇気を持って新たなチャレンジをしていくこと、それが自分を成長させるために必要なことだと思います。

第四章 月よみのみこと

月よみのみこと　人間身の内の男一の道具、骨つっぱり、世界では万つっぱりの守護の理。

◇**仙田**　これは、前章の「くにさづちのみこと」のご守護の理と対をなすもので、「人間身の内の男一の道具」とは、男性の生殖器官のことです。親神様が、この世と人間をお造りになった元初まりの時から今日までの長い年月、絶えることなく子孫を残し続けてこられたのは、言うまでもなくこれら男女一の道具のお働きがあったればこそです。

また、「骨つっぱり」という言葉からは、皮膚に代表される柔らかくて不安定な肉体を内から支え、しっかりと突っ張って二本の足で立つことを連想しますが、骨は、ただ体を物理的に支えているだけでなく、大切な脳や内臓を守り、筋肉と連携して自由に体を動かし、絶えず自分自身を作りかえ続けています。また、体の維持に欠かせない各種成分を生産・保存するなど、全部で二〇六個ある骨は、それぞれの役割に応じて、形も、大きさも、硬さも異なりながら、互いに連携し合って、ありとあらゆる働きをしています。

骨の有難さ

◆三宅　「つなぎ」も「つっぱり」もひらがなでシンプルな言葉ながら、皮膚と骨の役割を端的に表す傑作だとつくづく感じます。皮膚は、表面をグルッとつなぐだけでなく、体の表層と深部とを分子レベルでつないでいますし、骨は骨で、柔らかくて不安定な体を力学的に支えているだけでなく、骨髄は血液の製造工場として命を根底から支えており、まさに一生懸命「つっぱって」いるからです。

骨は、いったん大人のサイズまで伸びた後、そのまま一生を不活発に終えるような印象を与えますがそうではなく、自分自身を常に作りかえ続けています。それは骨折が治ること一つとっても明らかです。わざわざ申し上げるまでもないことですが、骨折しても一カ月でゆるやかにつながり、二カ月以内には折れた部分が骨本来の構造になり、半年後にはすっかり元の強度を取り戻します。

もしも骨がなく、体が柔らかな組織だけでできていたとしたら、私たちはどうなっていたでしょうか？　手はじめに、プリンや豆腐のような柔らかで水っぽい個体を積み重ねる場面を想像してみてください。何段まで可能でしょうか……。水平にならいくらでも広げられるのに、上向きだとすぐ限界がきそうですね。

では、実際に骨を持たない動物の大きさはどのくらいでしょうか。いろいろな幼虫やミミズ、ナメクジ、ナマコ、クラゲ、タコ、イカなどが思い浮かびますね。お気付きのように、支えがなくとも水中に漂っていられる水中の生き物を除けば、ほとんどは手のひらにのるサイズです。また、その居場所はどうでしょうか。ここでも水中の生き物を除けば、地面や木や草、建物などにへばり付くようにしていますね。彼らはつっぱりとなる脚《あし》がないか極端に短いため、胴体を浮かせることができないのです。たとえ立ち上がろうとしても、グニャッと倒れそうですよね（エビやカニ、昆虫類が立っていられたり、時に速い動きを見せるのは、外骨格を持っているからです）。

彼らの動きはどうでしょう。ごくゆっくりとしたものですよね。幼虫や線状の生き物ですと、蛇行あるいは尺取り虫のような動きしかできないですし、その他も似たり寄ったりのスローペースです（蠕動《ぜんどう》といって私たちの腸が食べ物を運ぶような動きもこれに近いです）。タコやイカが墨を吐いて逃げる時はあっという間ですね。フラダンスのスカートみたいな足を、シンクロナイズド・スイミングそっくりに同調させて体軸の中心に向けて鞭打つかのようです。しかし、すばしこい逃げ足の真相は、胴体の内側に貯め込んだ海水を一気に吐き出しているからなのです。これが可能なのも、支えなしで水中に漂っていられるからこそです。試しに床の上に寝転がり、全身を蚕みたいに一本の線形にして這ってみましょう。手足の曲げ伸ばしができず、手のひらで床を押しやることもできないので苦戦しますね。つまり、筋肉だけあっても、骨と関節がなければ、姿勢を大きく変えたり、力を外部に伝えることが不自由かつ緩慢になってしまうのです。

骨格を持つ生き物は脚一つとっても、骨というツッパリ役のお陰で重力に逆らってスクッと立ち上がれるので、胴体を引きずらずに済みます。移動の際の抵抗がどれだけ減ることでしょうか。しかも、二本あることで、水たまりや障害物をまたげるばかりか、歩行という（軟体動物から見ればはるかに早い）移動が可能になったのです。硬い骨に力を預けられるので、手足が変形したり折れたりする心配もなく素早い屈伸が可能となり、一〇〇ｍを十秒で駆け抜けるという（骨を持たない生き物からすれば）驚異的なスピードも可能にしたのです。

骨格の構造

前置きが長くなりました。私たちの骨格の形や役割（支持、保護、運動、造血、修復、貯蔵）について順にお話しします。

骨の個数は全部で二〇六です。いずれも無駄のない形で、親神様の知恵が働いているとしか思えないような工夫がいくらでも見出せます。それでは、役割に先立ち、頭蓋骨、背骨、骨盤の形の不思議についてお話しします。

まず頭蓋骨です。頭蓋骨はとても複雑な形態をしています。それもそのはず、五感のうちの四つまでが集約され（残る一つは皮膚感覚なので全身に分布）、それらの感覚器を格納してもいるからです。込み入ったつくりになるはずですね。「でも、上半分は単純な半球形でしかないなあ」とお感じのことでしょう。皆さんは、この部分が最初から卵の殻のように、継ぎ目なく仕上がっているとお思いではなかったでしょうか。しかし実際には、数個の湾曲した煎餅みたいな骨が、頭蓋骨を縦横に走る縫合《ほうごう》というジグザグの縫い目でしっかりと組み合わさっています。これはちょうど、ジグソーパズルの隣り合うピースの境界と同様、横に引っ張っても離れないのです。では、パズルのように浮かせれば……上下方向にも入り組んでいるため、やはり外すことはできません。少々頭をぶつけたくらいではズレないはずですね。

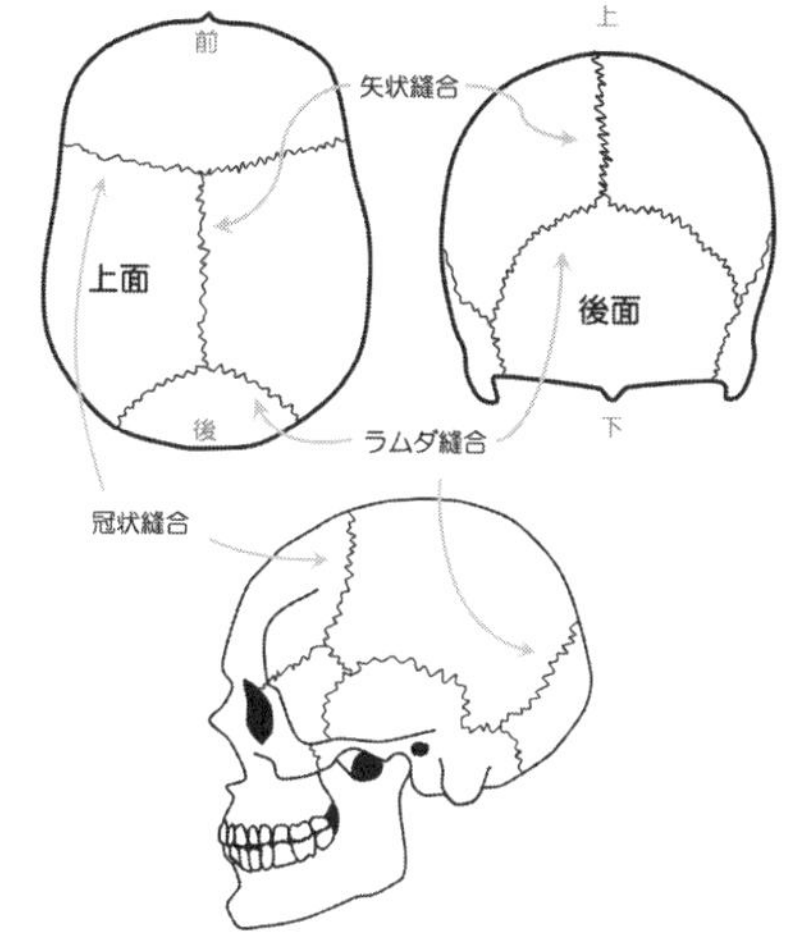

4-1 頭蓋骨の構造

　ところが、これほど強固な縫合も、胎児期には全部で五枚ある骨と骨との間は、流氷のようにお互いに離れているのです（もっとも互いの位置関係が失われては困りますので薄い膜で緩やかにつながってはいますが）。弱点のように思えますが、この間隔には実は大きな意味があります。

　ご存じのように、出産の際、赤ちゃんが最もお母さんを苦しめるのは、体で最大の径となる頭ですね。ところがその骨と骨の間に、隙間を持たせてあるお陰で、周囲の形状や圧力に合わせた小型化が可能になるのです。つまり、窮屈な時は、骨同士が互いに間隔を詰めるのみならず、屋根瓦のように重なることで、頭をうんと小さくするのです。このように不思議なくらい巧妙なしくみで狭いところも危なげなく潜り抜け、「こんにちは赤ちゃん！」となるわけです。生後の一年間、赤ちゃんの脳は著しく成長します（六～八カ月で倍増）ので、生後間もない時期に、脳が急速に発達することを見越しての一石二鳥の設計でもあったわけです。

大人の頭部の重量ですが、脳だけでも一・二～一・五kgあり（牛乳のパックで重さを実感してみてください）、それに顎《あご》や舌、皮膚、筋肉、毛髪などが加わるので、いよいよ重くなります。これを細い首だけで支えているのですから、首が凝《こ》るのは無理もないことですね。重い頭を少しでも軽くできないか……。親神様はここでもちゃんと考えてくださり、不要なスペースはすべて空洞にしました。空洞は頭の骨だけにある特徴で、上顎洞《じょうがくどう》、篩骨洞《しこつどう》、蝶形骨洞《ちょうけいこつどう》（以上は左右一対）、前頭洞《ぜんとうどう》があります。通常なら六〇～七〇％ほどの水分を含んだ組織があるはずですので、この軽量化は誠に効果的です。ちなみに、蝶形骨洞以外は鼻腔へとつながっているので、匂いを含んだ空気は、短時間ですが空洞内に留《とど》まります。

形の不思議の二番目は背骨です。ヒトは直立歩行をするので背骨が頭を支えていますが、その重さを分散して筋肉の負担を和らげるために、カーブを描いています。首と腰では前方に、胸では後方にゆるやかに湾曲しているので、S字を縦に引き延ばした形です。

ラジオ体操では前後左右に大きく曲げるよう指導されますが、手がつま先（前）につくだけでなく、後ろ向きに反《そ》る場合は、アキレス腱（後）をつかめる人がいて驚きます。これは、背骨が一本の長くて硬い骨でなく、椎《つい》骨《こつ》という缶詰形の骨が、軟らかさと強靭《きょうじん》さを併せ持つ椎間板《ついかんばん》と交互に重なりながら二十四個も連なっているからです。一つ一つの曲がる角度はわずかでも、合計すれば大きなカーブを作れるのです。

ついでながら、この椎骨は下に行くほど直径が大きくなっています。その理由はおわかりと思います。もしも、背骨が二カ所あるいは三カ所だけでしか折れ曲がらないとするとこうはいかないし、地面に落とした物を立ったまま拾うたびにバランスを崩して前に倒れるはずです。でも、股関節《こかんせつ》と合わせてU字を逆さにした形にまで曲げられるからこそ、上半身が下半身に寄り添い、バランスが保てるので立っていられるのです。

他にも、背骨が二、三カ所でしか曲がらないとすると都合の悪いことがあります。テコの原理

▧ 4-2 背骨の形状

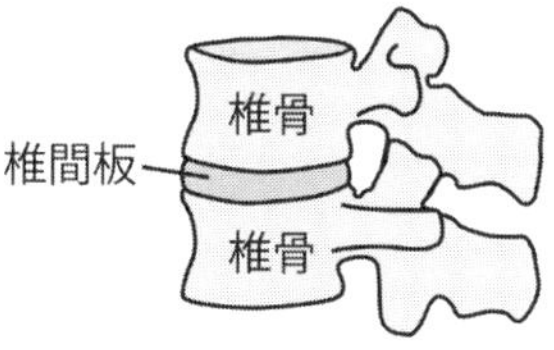

▧ 4-3 椎骨と椎間板

で曲げ伸ばしするため、大きな収縮力＝太い筋肉が必要となり、その分だけ今よりも幅広な体型になっていたことでしょう。前屈《かが》みになるたびに、背中の一、二カ所が大きく飛び出すのですから、衣服でも苦労していたことでしょうね。

形の不思議の三番目は骨盤です。骨盤は上半身の重量を受けるだけあって、背骨に続く仙骨・尾てい骨と、下腹部をぐるりと取り囲む左右三対の骨からなる、がっしりした漏斗《ろうと》のような形をしています。と言っても、穴が空き、凹凸もあり、おまけに天井も底もすっかり広がった格好です。これらは、骨盤の強度を保ちつつも、消化器、泌尿器、生殖器を収納し、左右の大腿骨《だいたいこつ》と関節をなし、下半身に関係する血管・神経・筋肉を通し、女性では内面が胎児を通過させるのに最適です。骨盤の内面はおおむねなめらかな凹面で、女性の方がより広くて丸みがあることはご存じと思います。そして、上半分は横に広く、下半分は前後に広いのです。なぜでしょう？

この続きは、第七章　出産のドラマ（201頁）に合わせた方がわかりやすいので、そちらをお読みください。

骨の役割

形の次は、骨の役割についてお話しします。まずは支持《しじ》と呼ばれるものです。人体の構造は箇単に言えば、体の一番内側にある骨と体表にある皮、その間を埋めている筋肉や血管・神経、各種の臓器からなっています。例外として脳・脊髄、感覚器の一部は骨の内側にあります。

体の構造は、骨格という名の通り骨が基本となっています。筋肉は、その両端が腱となって骨に付着していますし、内臓もさまざまな結合組織を介して、骨を拠り所とした本来の位置を占めています。重力に対する下支えの方は、胸の内臓なら横隔膜が仕切りを作り、お腹の内臓なら骨盤の底にある数種の筋肉が、底抜けしないように受け止めており、いずれの筋肉もやはり骨を拠り所としています。骨格を基本にしたこういう配置のお陰で、立とうが寝ようが体操しようが、在るべきものが在るべき所にちゃんと収まっています。なので、「食べてすぐ逆立ちをしたら胃袋が喉元まで移動して、それ以来首回りが太くなっちゃった」などという心配はご無用です（……なんて気にしてないですよね　笑）。

普段は気にも留めない力持ち、足の裏は、かかとに厚い骨を備えることによって長年体重を支え続けます。そしてなぜか中程がアーチ状で「土踏まず」と呼ばれます。上に凸の形で反ることと板バネのような弾力性とで、踵とつま先の二カ所が地面をしっかりと掴まえられるのです。これを応用したのがスキーの板です。ご存じの方も多いと思いますが、横から見ると中央付近をわざと上向きに反らせています。

役割の二番目は保護です。これまでにも出てきましたが、中枢神経は、頭蓋骨によって厳重に守られています。いわば神様が用意したヘルメットです。また、既にお気付きのように、心臓や肺などの一時も休めない重要臓器も、背骨と十二対の肋骨《ろっこつ》、さらにこれらを胸の前側中央で受け止める縦長い胸骨とに囲まれています。さらに、膀胱、子宮、下部消化管なども、骨盤によっておおまかに被われています。

また、骨が骨を保護してもいます。ぶつかったり、押しつけたりしやすいところは、生まれつき骨に厚みを持たせたり、特別に骨をかぶせたり、という配慮が行き届いています。肘や膝、握り拳の指の節々、踵などです。特に、膝にはご存じの通りお皿の骨がありますね。また、肘では尺骨《しゃっこつ》という骨の一部が、関節をカバーするように伸びています。バレーボールやフットボール、野球などの選手の装備を思い浮かべてください。大抵はプロテクター（肘当て・膝当て）をしていますね。生まれつきこれらの要所は、あらかじめ衝撃を見越した設計がなされているのです。かと言って、それを良いことに、膝蹴り・肘打ちといった悪用は決してなさらぬよう（笑）。

巧みな関節のしくみ

役割の三番目は関節運動です。手足や顎では、骨と筋肉とが関節を挟《はさ》んで、テコの原理で動きます。小学校で習ったテコには、支点・力点・作用点がありましたね。棒を長くして力点を支点から遠ざければ小さな力でも重い物も動かせるというしくみでしたが、人体のテコでは支点を軸として力点が作用点と同じ側にあり、大きな力で大きく動かすのです。関節運動というテコでは、たとえば、腕なら支点が肘の関節、力点は先ほど名前を出した尺骨の肘側からわずかに手のひら寄り(ここに力こぶの筋肉が腱となって付着します)、そして作用点はお菓子を口に入れたり、オールを漕《こ》いだりする時の手です。伸ばした腕を曲げて力こぶを作ってみましょう。筋肉が数㎝縮むだけで、手は五〇㎝以上も近づいて来ますね。人体のテコでは、支点と力点との間がうんと短く設計されている分、より大きな筋力を必要としますが、曲げる際には、関節の内角側に筋肉や皮膚が帆《ほ》を張るように入り込むことがないので、手も足もほぼすっきりとした形を保てるのです。

関節運動には、この屈伸《くっしん》（肩関節や股関節を支点に、手足を前後に振る動きはここに分類されます）のほか、内転・外転や回旋《かいせん》があります。内転・外転とは、肩関節や股関節を支点に、手足を左右に広げたり（外転）、逆に元に戻す（内転）動きです。また、回旋とは、首や背骨を左右にひねる動きの他、上腕骨や大腿骨を軸に見立てて回す動き（内旋・外旋）を指します（肘や膝を直角に曲げた状態で回すのを、周りで見ているとよくわかります）。手首では、たとえば卓上に伏せた手を裏返して手のひらを上に向ける動き（回外）と、その逆（回内）があります。その他、手首の自由自在の動きや、指の複雑で素早い動きにはそれなりのしくみがあります。

首については、背骨の内、上から一、二番目が特殊な形をしているお陰で、後ろを見たい時も、体をひねりざま、クルッと振り返ることができます。首の骨（頸椎《けいつい》）の最上位（頭蓋骨のすぐ下）は、料理の「いかリング」に似ており、そのリングの内側には、弓の弦のような形で靭帯《じんたい》が張られているのです。このリングと弦との間には、二番目の骨に上向きに付いた軸がピタッとはまるので、リング（頭部）が回せるという具合です。しかも、軸の位置をわざとリングの中心から外してあるため、回転と同時に外側に大きく振ることができます。なるほど、左右をクルクルとよく見渡せるはずですね。これら二つの首の骨の名称は傑作で、一番目の骨が環椎《かんつい》、二番目が軸椎《じくつい》と言います。

手首は、肩をちょこんとつつく、球を投げる、文字通り身振り手振りのジェスチャーなどに必須の関節ですが、その早くて自由な動きは、まるで小鳥の頭のようです。実は、ここには八個の骨が二列に寄り集まり（手根骨）、全体としてまるでベアリングのような動きをするのです（図4―5a）。前後左右、どのようにも動きますが、外れることはありません。

指は、体中で最も細かく器用に、しかも素早い動きをしますね（図4―5b）。字を書く、造形する、リンゴの皮をむく、毛糸を編む、

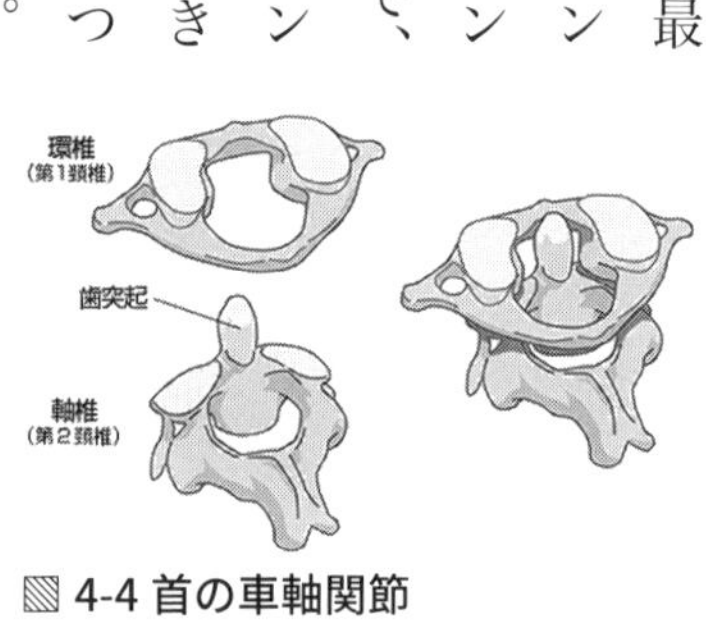

図 4-4 首の車軸関節

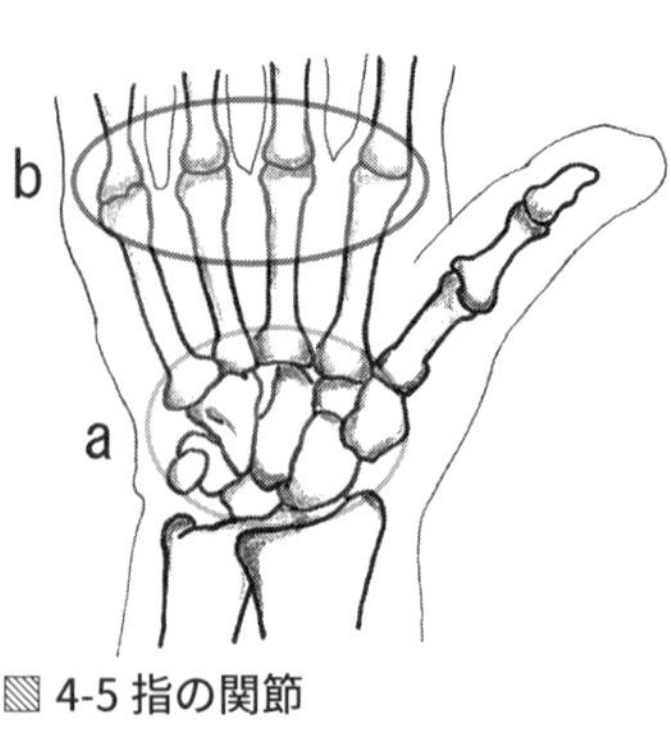

図 4-5 指の関節

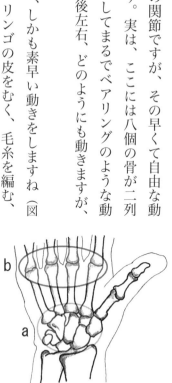

さまざまな楽器を演奏する、手術や手品をするなど。親指以外の四本は、短い骨が三個つながり、しかも各節の長さが少しずつ異なるため、関節の位置が微妙にズレています（このズレ、とても大事なんです。もし指の長さも関節の位置も横並びだったら、卵や野球のボールなどの球体をうまく握れるでしょうか？）。親指だけは二節で（強度上の理由かも）、他の四本に向かい合うように動けるので（対向《たいこう》と言います）、ビーズをつまんだり、鉛筆が持てたり、ハンドルを握ったりできますね。親指を他の四本と離したり向かい合わせにしたりする時、動きの要はどこでしょう？そう、指の付け根より手前の手首ですね。人体でもここだけは鞍《あん》関節と言って、文字通り馬の鞍を二つ、座る面（窪《くぼ》んだ部分）同士が最も近接するような十字の形に向かい合っているので、自由かつ大胆な円活動が可能なのです。そして指には筋肉はなく、細長い腱のみです。これは、もしも指にまで筋肉がついていたら、その太さが器用さを奪っていたことでしょう。同時に、見た目の美しさも……。

次なる股関節は、実は名称に反して股《また》にはありません。皆さんは太ももの骨の上側の端（大腿骨頭）は、骨盤のどのあたりに接続していると思いますか。家族や友達の足腰を見てみましょう。お尻のふくらみの下は横ジワ一本を境に、そのまま太ももに連なりますから、骨盤の真下に関節があるように思いますね。でも本当は骨盤の左右外側に、ピンポン玉が半分入るような球面を持つ凹みがあり、その凹《くぼ》みで大腿骨頭を受けているのです。

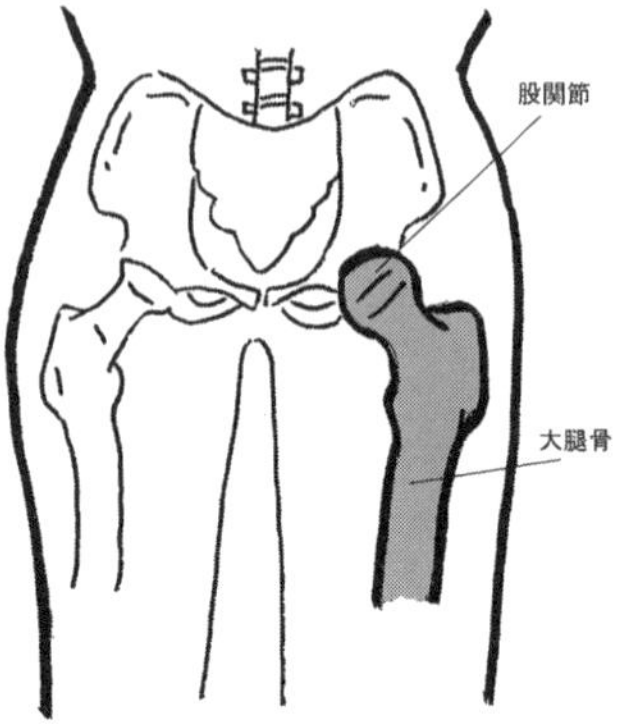

▧ 4-6 股関節と大腿骨

なぜ、わざわざ外側なのでしょうか。理由の一つは、真下は出産に備えて広く開けておかねばならないということ。もう一つは、二本足で立つ時の安定のためです。力士が四股《しこ》を踏むとき、足を大きく開きますね。巨体を支えつつも安定した姿勢がとれるのは、左右の股関節の間が広いからです。神様が、股関節を骨盤の外側にお定めになった理由がおわかりいただけましたか。

では、それにつながる大腿骨はどうなっているのでしょうか。ゴルフクラブを上下逆さにして、ヘッドを球形に変え、ヘッドとシャフトの接続部を五十五度も折り曲げ（内角は百二十五度）、さらにくびれさせた形です。球形のヘッドが内側を向き、半分は骨盤に埋まっているので、足を前後左右に大きく動かせます。「埋まる」と表現しましたが、そのお陰で、大腿骨は大きく動かしても通常は外れたりしません。体操選手の開脚角度は驚異的ですが、外れたりはしませんね。しかし、この姿勢の安定、可動範囲の大きさ、外れにくさという長所と引き換えの「折り曲げ」「くびれ」こそが、ことに年配の女性に「骨折の危険性」という宿命を負わせています。

一方、肩の関節では、上腕骨を受ける側が平面に近い形をしているので、これまた可動範囲が大きい関節です。が、その緩やか過ぎる接点のせいで、ぶつかり合うスポーツや、時には転倒ですら外れ、一度外れると繰り返しやすいという宿命があるのです。が、この弱点が残るとしても、自由に動かせる必要性の方がはるかに大きいため、神様もそちらを優先したのでしょう。

動きの最後は肋骨です。仰向けに寝た人の胸を横から見てみましょう。呼吸に合わせて上下していますね。お腹の方も膨《ふく》らんだり窪んだりしていますが、これは、横隔膜の昇降のせいで、内臓が前にはみ出したり、元の場所に戻ったりしているからです。

さて、呼吸する時の肋骨の動きを説明しましょう。胸の前にソフトボールがあるとします（ボールを胸の中の空気にたとえます）。これを、隣り合う指と指の間を開いた両手で、左右から包み込み、同じ指先同士（たとえば人差し指の先は反対側の手の人差し指の先）がピッタリくっつくようにします。この時の形が息を吸った状態の肋骨です。今度はボールを取り去り、指先同士をくっつけたまま、親指から薬指までを揃えて、小指に近づけた形が息を吐いたときです。上下に十二対ある肋骨には、隣り合う肋骨同士の間に二種類の筋肉が張られています。ちなみに、肋間《ろっかん》筋《きん》と言います。呼吸に合わせ、一方は肋骨と肋骨の間を広げるため、そしてもう一方は、反対に縮めるためです。目的が相反するため、二種類の筋肉は、ちょうど直交するように備え付けられています。肋骨は、単に心臓やそこを出入りする太い血管、肺、食道などの重要臓器が傷つかないようガードしているだけでなく、こうして呼吸という〝一生休むことのない動き〟を担っていたわけです。

体内の調整・修復・貯蔵機能

役割の四番目は造血です。唐突で恐縮ながら、鶏の骨付きもも肉を食べるときは、軟骨も美味しいので一緒にかじったりしますね。その際、硬い骨の内側が見えたりしたと思います。何色でしたか？　赤っぽかったでしょう。骨の内側を骨髄と呼び、とっくにお気付きのように、そこには、血液の元（造血幹細胞）があって、これが赤血球、白血球、血小板となって巣立っていくのです。もちろん、本来の居場所に移動できるよう、血管がそこここに出入りしています。つまり、骨には小さな穴がいくつもあいていて、骨の内側と外側とは通じているわけです。そして、さまざまな物々交換が行われてもいます。

私たちの骨も、基本構造はビルと同じで、鉄筋コンクリートにたとえられます。いわば、コラーゲンという鉄筋の周りを、カルシウム、リン、その他のセメントが埋めているのです。普通の鉄筋コンクリートと違うのは、表面と内部では密度が異なっていることです。つまり、表面に近い層は緻密《ちみつ》で隙間《すきま》が無くとても硬いのですが（緻密骨《こつ》）、内部をよく見ると食パンの断面のように無数の穴があいているのです（海綿骨《かいめんこつ》）。表層ほど、外力を受けても折れにくい作りというわけですね。それで椎体《ついたい》（一個の背骨）ですと、上下方向に約五〇〇kgまで耐えられるそうです。

そして、内部の細かい穴を埋め尽くしているのが造血幹細胞たちです。先ほど鳥の骨のことに触れましたが、赤く見えたはずですよね。長く晒《さら》した骨の内部構造だけを見れば、「こんなにたくさんの穴ポコ、どうしてあけたんだろう、何に使うのだろう？」と不思議ですが、強度を損なわずに有効利用しているのですから、まったくよく考えられたものです。

ヒトでは、造血がはじまるのは胎生四カ月頃からといわれています。しかし青年期以降、手足にある長い骨の骨髄はその能力を失い、造血は胸骨、肋骨、脊椎、骨盤などに限られます。

骨髄移植が、白血病などの患者さんを救う切り札であることはよく知られていますね。では、上記の場所のうち、どこから取り出すのが最適か。ご推察の通り骨盤です。ここは最も厚みがある上、神経も傷つけにくいので一番安全で、しかも、まとまった量が取り出せるのです。神様が、医学の進歩を見越して用意してくださったようにも思えます。骨髄は、構造部分であるコラーゲンタンパクと髄にあたる血球成分を含むため、ご存じ、鶏ガラ・豚骨スープなど旨みの元として欠かせない食材でもあります（笑）。

五番目は修復です。骨には「スクラップ・アンド・ビルド」という修復のしくみがあります。骨の表面は硬い緻密骨で覆われていますが、その内部にある海綿骨は立体的な網の目構造をしていて、建物の梁《はり》のようなので骨梁《こつりょう》と呼ばれます。おもしろいことにこの網の目構造は、どこも均一なのかというとそうではなく、断面をなぞってみると、その骨のその部分にかかる力学的な荷重の強さと向きに最適となるような線が何本も浮かび上がります。これを骨梁線といいます。つまり、細胞レベルでの細かい連携がなされているからこその形状なのですね。

次に、骨が古くなると弾力性がなくなり、モロくなるので修復が必要になってきます。そこで一人目の役者が登場します。破骨《はこつ》細胞といって、もともと大食漢である免疫系の細胞が数個集まったものですが、この細胞は古くなったり傷ついたりした骨に取り付いて、骨の中のコラーゲン（鉄筋に相当）とカルシウム（コンクリートに相当）を溶かします。すると、骨梁に水たまりのような窪みができ、さらに溶解が進むと梁自体が細くなったりします。ここで二人目の役者・骨芽《こつが》細胞の登場です。この細胞は窪みに来ると、団体客みたいにぎっしりと座り込み、その後コラーゲンを出して鉄筋構造をつくります。そこへカルシウムが沈着して厚みを増します。こうして新しくなった骨は、再び弾力性を取り戻してしなやかになるというわけです。骨が骨であり続けるために、絶えず〝壊しては再建する〟ことを繰り返しているのです。

この修復の開始と終了の合図、つまり二人の役者が登場し、活躍し、そして退場するタイミング、これらすべてが細胞同士の相談で行われているのですから驚きです。

最後に貯蔵という役割もあります。骨の主成分の一つが、カルシウムであることは子どもでも知っていますね。カルシウムは、体の働きになくてはならないもので、特に、①血液の凝固、②

筋肉の収縮、③精神安定には不可欠です（私たちは寝ている間でさえも筋肉を使っていますが、その収縮の引き金にあたるのがカルシウムです）。カルシウムを一定の範囲に保つよう調節をしているのがホルモンです。減少させるのが甲状腺（もっとも、本業は代謝を活発にすること）、増加はその上下左右の隅に四つある米粒大の副甲状腺が担っています。たとえば、血中にカルシウムが少なくなると、骨を溶かしたり、腸からの吸収とおしっこからの回収をともに強化します。逆に多くなった場合は、これらの作用は抑制されます。こうした調整で、体にはどんな点でも増え過ぎず、また足りなさ過ぎないよう、一定の範囲内に保とうとするコントロールが常になされています。

造血と貯蔵について書き連ねましたが、骨は眠っているように見えても、実は内部で活発な代謝を行っているのですね。

ここで一つ、気がかりなことを付け加えさせてください。それは骨粗鬆症《こつそしょうしょう》です。骨粗鬆症は骨密度（主にカルシウム）が低い病気です。骨の密度は二十代が最大で、それ以降は徐々に低下します。もともと骨は、若い人ほど強度も弾力性もあるのですが、年とともにどちらも失って骨折しやすくなります。とりわけ女性では、閉経後のホルモン低下に伴い急速に骨がもろくなるので、骨粗鬆症に罹りやすく、また治りにくくもなります。骨折を予防すべく、用心深く物心両面からの対策をとらねばなりません（転ばぬ先の〝骨〟）。

かれこれ二十年以上も前から、若い女性のスリム志向が異常なまでに高まっています。身長が同じなら、体重と骨密度とは相関があります。体重を支えるため骨が丈夫でないといけないからです。若い頃に格好を優先してほっそり足でいた人は、元々の骨密度が低いだけに骨粗鬆症となる時期が早まると考えられ、先行きが非常に心配です。先ほど骨髄のところで述べた〝食パンの断面〟みたいであるべきところが、まだお年を召す前に、垢《あか》すり用のヘチマみたいにスカスカになるので、簡単にポキッ（痛ッ！）だからです。

対策は一つ、若い頃の〝貯金〟です。細い脚＝美という認識を捨て（反発されるお気持ちはわかりますが—苦笑—、同じフィギュアを目指されるならスケート選手等の体型になさっては）、食事にも気を配ってコツコツ（骨々）と貯めない限り、いくらミニスカートの似合う女子高生でも半世紀を経ずして容易に骨折、そこからは不自由な余生、ということにもなりかねません。

タンパク質とカルシウムを摂ること、それに運動と日光浴が予防になりますので、屋外の散歩などを習慣にしましょう。メニューとしては、小魚の南蛮漬けなど、酸味で柔らかくして食べる方が吸収が良いそうですよ。また、鮭なら骨も電子レンジで加熱するだけで、簡単に食べられます。くれぐれも骨の有難みをお忘れなきよう。

医学と生物学の違い

◇**仙田**　人体に関するさまざまな知識を与えてくれる学問に医学と生物学がありますが、両者の違いはどこにあるのでしょう。進化生物学者である長谷川眞理子氏（総合研究大学院大学学長）は、著書『ヒトはなぜ病気になるのか』の中で、その点についてわかりやすく解説しています。

まず、医学はヒトの病気を治して健康な状態にすることを目的とする応用化学で、「病気」は「異常」な状態で、「健康」は「正常」な状態とみなします。病気ではなくても奇形や先天性の欠損など、通常見られない状態にあることを「異常」といいます。このように、病気や異常は悪いことで、健康で正常であるのが良いことという価値観を伴っています。

医学は、あってはならない状態の病気というものを根絶しようと努力してきました。そして、その手段を探るため、体のしくみや各機構が働くメカニズム、細胞の働きなどを自然科学的に研究してきました。そこでは、人体は各部分に分けられ、それぞれを支えるしくみが細かく探求されています。それは、あたかも人体を精巧にできた機械と見なしているかのようで、悪くなった機械の部品を取り替えるのと同じ発想で臓器の移植や遺伝子治療が進められています。しかし、根源的な問題は「この精密機械を誰が作ったのか」「これほどうまくできた機械がどのようにしてできたのか」「なぜ病気というものが存在するのか」ということです。従来の医学ではこのような問いは立てません。どうやってできたのかということは問題にしないのです。

一方、生物学は生命現象を解明しようとする自然科学です。純粋な理学としての生物学は、自然の状態に価値観を持ち込むことはしません。生物学から見れば、健康も病気もそれぞれ一つの状態であり、どちらが良いも悪いもありません。また、正常と異常のように分けようとしても、生物の性質は何をとっても個体差があって決して二つに分けられるものではありません。そこでそのような変異の幅、ばらつきの存在そのものが生物学の研究対象です。そうするとヒトがどのようにしてできたのか、なぜ病気が存在するのかという問いは生物学では当然の疑問となります。

また、生物は自然環境の中で生きており、その環境にはさまざまな他の生物がいます。それらの他の生物との関係には、食う・食われるの関係、同じ資源をめぐる競争関係、互いに依存する共生関係などさまざまなものがあります。したがって、生物進化の過程では、必ずしも人間に都合の良いものばかりではありません。たとえば、細菌やウィルスが原因で起こる感染症に対しては、さまざまな薬が開発され功を奏してきました。中でも、細菌に対する抗生物質は画期的な効果を現しました。しかし、薬によって厄介者を根絶することはできません。なぜなら、病原体の方が必ずや薬に対する耐性を進化させてしまうからです。

人間が抗生物質を飲む、殺虫剤を撒くというようなことをすると、病原体にとって生きにくい環境を作ることになります。それによって多くの病原体が死ぬでしょうが、どこかでいくつかの病原体は生き延びます。その環境を生き延びた個体が次世代を産む親となり、子どもたちはその耐性を引き継いでいきます。そして、次の世代は前よりも確実に強い耐性を持ったところから出発します。これには終わりがありません。「抗生物質を乱用してはいけない」というのは、そのような研究成果から明らかになったのです。

このような自然科学の知識を学ぶことは、より良い人生を歩む上でとても役に立ちます。しかし、それだけで充分かというとそうではありません。人生には、そうした知識だけでは決して解決することができない、思いがけないような一大事が起こることがあります。

当たり前にいることが奇跡

二〇二〇年開催予定だった東京オリンピック。その大会での最大のヒロインになると言われていた競泳の池江璃花子《りかこ》選手は、前年の二月に白血病であることが判明し、オリンピックで金メダル獲得という夢を断念して治療に専念することになりました。

それから四百日余りが過ぎた頃、テレビの『NHKスペシャル』という番組で、彼女の約一年にわたる闘病生活の様子が放送されました。その中で、彼女がインタビューに応えてこんな言葉を残しています。

「人間って当たり前なことを当たり前にやるけど、それが当たり前じゃなくなったことが起こって、再びそれができるようになった時に、すごい幸せを感じることができるんだなって思います。今は私たち、こうやって普通に生活しているけど、もしかしたら、自分も治療がうまくいかなくてまだ入院していたかもしれないし、一人で歩けなかったかもしれないって思うと、今ここにいることが奇跡でもあるんじゃないかと思います……でも本当に……絶対にそんなこと考えないじゃないですか、そもそも普通に生活してたら。これが当たり前だって思わないじゃないですか」

池江さんは、泳げなくなって初めて、今まで〝当たり前〟だと思っていたことが、決して当たり前ではなく、本当はとても幸せなこと、〝有難い〟ことであるということに気付いたようです。それはひょっとすると、オリンピックでメダルを取ること以上に、彼女の人生にとって、かけがえのない宝物を得たことになっているかもしれません。

（その後については ご承知の通り、二〇二〇東京オリンピックは、新型コロナウイルスのパンデミックによって一年延期されることになりました。それで彼女は、辛うじてオリンピックに選手として出場することができました。しかし、メダルには届きませんでした）

かりもののご恩を知る

おふでさきの中で、一回だけ「かりもの」という言葉が出てくるお歌があります。

めへ／＼のみのうちよりのかりものを
しらずにいてハなにもわからん　三 137

私たちの身の内（体）が、神様からお借りしていることを知らなければ、それから先のことは何もわからないと仰せくださっているのです。

『おさしづ』にも、

人間の思うように行かんは、かりものの証拠《しょうこ》。　（明治二十年十二月六日　補遺）

と言われるように、私たちは自分で治せない痛みや悩みがあるという体験を通してはじめて、自分の体が自分の思うようにならないものだということが実感できるのかもしれません。体が思うようにならないということは、我がものでなく、かりものであるということ。そういうことでもなければ、自分の体は思い通りになるのが〝当たり前〟だと思っているわけです。

二〇一四年四月十九日、私の四男が天理大学入学直後に交通事故に遭いました。自転車で移動していてバランスを崩し、車道側に転倒したところへ、通りかかったトレーラーと接触し頭部を強打しました。左前頭部頭蓋骨陥没骨折で、直径五㎝ほどの範囲で細かく砕けた骨が、脳に最大三センチの深さまで刺さり、脳細胞が無数に損傷している状態でした。その後病院に搬送され、約五時間三十分の大手術を受けました。

手術後のお医者様の険しい表情と、「後はリハビリ以外、為す術がない」という説明を受けて、私たち夫婦は、直面している現実の深刻さを思い知らされましたが、同時に「そんな中でも今、息子の命があることがまずは有難い！」と素直に喜ぶことができました。

一夜明けて、息子はまだ意識はありませんでしたが、二日目には手足が少しずつ動くようになり、三日目には集中治療室を出て、四日目にようやく少しずつ意識が回復し、言葉も出るようになりました。そして一週間後には歩き、丸一カ月で退院という驚異的な快復の姿を見せて頂きました。

しかし考えてみれば、高校時代からラグビーをしていて体力には自信のあった息子が、ベッドを少し傾けるだけで顔をしかめ、体を固定して五分座るだけで青息吐息という様子を見て、頸椎が重い頭を支えていること一つをとっても、普段は当たり前のことが決して当たり前のことではない、親神様の骨を通してのご守護が、どれだけ結構なことであるかを痛感しました。

そして、改めて冷静に考えてみると、息子がたすかった理由は他にもたくさんありました。事故現場に居合わせた多くの人びとが、車道に人垣を作って後続車から息子を守ってくださったこと、必死になって息子のために動いてくれた友人、そして偶然通りかかった救急救命の資格を持った看護師さんが完璧な処置をしてくださったこと、そんないくつもの偶然と、多くの人びとの真実が積み重なって、息子は終わりかけた命をつないでいただき、病院に搬送されたのでした。

また事故直後から、家族や親戚の人びと、息子の友人や後輩の人たちなど、大勢の人たちが、彼のたすかりを願って神様に祈ってくださり、実に千数百件もの励ましのメールが携帯電話に届きました。こうしたたくさんの方々の真実の祈りのお陰もあって、息子は命をたすけていただき、今こうして元気でいられるのだと心から思えます。

子どもを持つ親なら誰でも、「我が子が生死に関わるような出来事には絶対遭ってほしくない」と願っていることでしょう。しかし、ある日突然それが現実になった時、人は恐怖心や不安感で目の前が真っ暗になります。「神も仏もあるものか！」と、自暴自棄になる人もいるでしょう。その一方で、私たち家族のように神様を信じていることで、絶望の淵に沈むことなく、むしろその出来事によって、「人間は大いなるものに生かされて生きている存在だ」という信仰的な本質に気付く機会になったと喜ぶこともできます。そして、私たちはそのご恩返しとして、体の貸主である親神様のお望みくださる「人をたすける心」で生きることを、もっともっと真摯に求めていかねばならないという心が定まりました。

さて、この「神様はこの世にいるのか、いないのか？」という疑問、それは科学的に証明することはできません。「そう信じるか、信じないか」の主観的な問題だからです。また同様に、「神様が無い」ということを証明することもできません。その意味では、「神様はあると言えばあるし、無いと言えば無い」とも言えます。ただ、命に関わるような出来事に見舞われた時、私たち人間は体調の異変を通して、かりものの理に目覚めることができるのであり、自分の体でさえ自分のものではないということは、その他のものはなおさら自分のものではない、神様から与えられた借り物であるということこの世の本質を知る契機になることがあります。少なくとも私たち家族はそうでした。

そのことがつくづく実感できて、日々何不自由なく健康な体を貸していただいているご恩がわかったならば、真剣なお願いや、お礼の参拝がさせていただけるようになります。家内安全、商売繁盛、健康長寿という事柄を願う信仰も大切ですが、昨日と変わらない当たり前の日常が送れることの有難さを身に感じて、日々神様に感謝の気持ち一杯にお礼申し上げることが、信仰の本当の値打ちなのではないでしょうか。

病気になる意味

さて、天理教の教えでは、人が病気になるということについて、外から邪悪《じゃあく》なものが体内に入ってくるとは考えず、忌《い》み嫌《きら》うべき不都合なものとも受け取りません。親神様が、その人の体に異変を起こして、自らの心づかいを、〝陽気ぐらし〟ができる心づかいに改めるきっかけを与えてくださっていると受け止めます。

人が「自分さえ良ければ良い」という自己中心的な心づかい（八つのほこりの教え）をしていると、人間の本体である〝魂〟に、ほこりが積み重なり、それがいつまでも続くと、やがては目の前の見通しが悪くなって心の闇路をさまようようになります。これでは、すべての人間をたすけてやりたいと思召される親神様の望まれる世界と、非常にかけ離れた結末になるので、病気という形での〝お慈悲のメッセージ〟を送って、それぞれの人の心づかいを改めるよう働きかけてくださっていると受け止めるのです。これが天理教の病理観のユニークなところです。

ですから、病気になった人が元の健康な状態に戻るためには、普段は当たり前過ぎて気付くことができない親神様の十全のお働きが、実はいかにすばらしいものであるかということを、心から納得することが肝心です。もしそうでなければ、自らの心づかいを改めようという気には決してならないでしょう。

第五章　くもよみのみこと

くもよみのみこと　人間身の内の飲み食い出入り、世界では水気上げ下げの守護の理。

◇**仙田**　人には、渇《かわ》いた体を潤《うるお》すための「飲水欲」と、飢えた体に栄養を補給するための「食欲」という本能があります。どちらも生命を維持し、日々活動するためには、絶対になくてはならないものです。そればかりか、飲む楽しみ、食べる喜びは、陽気ぐらしをする上での大切なアクセントの一つでもあると言えるでしょう。

しかし、食べるといっても、食べ物を体に入れたらすぐに、体の組織を維持し、活動するためのエネルギー源になるわけではありません。口から入った食べ物は、食道、胃、小腸、大腸、肝臓、胆嚢、膵臓等のさまざまな消化器官や消化酵素の働きによって、解毒《げどく》、消化、吸収されてはじめて私たちの血肉となります。そして余ったものは、保存のための加工がなされて体に蓄えられます。さらに、要《い》らないものは、便や尿となって体外に排出されます。

〝飲み食い出入り〟という言葉で表される一連の作業は、実に複雑かつ微妙なバランスのもとに、各器官が連携して処理しているばかりか、驚くことに、ほぼすべて自動で行われています。

空腹感・満腹感

◆**三宅**　まず、私たちはなぜ「お腹がすいた」と感じるのでしょうか。また、どうしてその時々に食べたいものが思い浮かぶのでしょうか。なぜ、ある程度食べたら自然と箸を置くのでしょうか。本来、生き物は必要な食べ物と、その時々の必要量が本能的にわかるからですね。飲み物についても同じです。食欲は、〝今、必要な食べ物〟に対して最も強く起きます。空腹と空腹感は似ているようで微妙に異なります。たとえ空腹であっても、心身の健康状態や置かれた状況によっては食欲が削《そ》がれるからです。食欲は、食べる前から思い浮かべたり、飲食物で五感が刺激されたりしてそそられます。匂いや音（食器など）、直接見ること、そして感触（茹《ゆ》でた素麺を水にさらして揉《も》む時など）、さらに口にするときからは、唇その他による食感、舌では味と、それぞれが食欲との相互作用をもたらします。

空腹感や満腹感、のどが渇いた感じ（渇感《かっかん》と言います）が意識に上るのは、それぞれを感じ取るセンサーが備わっているからです。カロリーや栄養素、水の必要度に応じて、無意識に「あれが食べたい、これが飲みたい」という感覚に変わり、それに従うだけで、何十年もほぼ過不足なく生きていけるというのは実に不思議なことです。

運動後には、水や塩分、カロリーの補給が必要なため、帰り道で飲み物を買ったり、ラーメン屋につい寄りたくなったりしますね。食欲や飲水欲が、必要に応じて現われるというのは実に有難いですね。それが当たり前でないことは、認知症の人が何でも口に持っていったり、感覚や意識に障害のある人の水・栄養管理が容易でないことからもうなずけます。

満腹感については個人差が大きい上、摂る量と内容には体感以外の要因も関わります。早食いの人は、どうしても食べ過ぎて太りやすいと言われます。ゆっくり食べれば食事中に養分が血液に行きわたり、満腹を感じて食事を終えたくなるはずが、食べるのが早過ぎると、血液中に養分が出回りはじめる前に、必要以上にお腹に入ってしまうからだそうです。そうは言っても、私たちは何かを食べはじめると、養分の吸収がはじまると考えられる時点の前に「お腹が落ち着いてきたな」と感じることがよくありますね。たとえば、おにぎりを立て続けにほおばる場合を思い浮かべてみてください。やはり血糖値の上昇の前に、胃の膨らみ具合など他のセンサーが適量に達したことを知らせるしくみがあると考えられるのです。

動物にとっての餌

動物の世界を餌《えさ》という観点で見渡しますと、弱者（ウサギ・ヤギ・羊・鹿・牛・馬など歯先が尖《とが》っていない）と、強者（他の動物を襲って食べる鋭い牙や爪を持つ）では食べるものが分かれていることに気付きます。その餌がどう異なるかですが、神様は弱者を見捨てるようなことはしませんでした。ここからは草食系・肉食系という大まかな分け方をお許しください。

草食系は草や木だけを食べて生き続けられるのですが、それは食物繊維であるセルロースを糖化してエネルギーに変換できるからです。なんと、自身で消化しているのではなく、セルロースの分解酵素を持つ細菌を消化管内に住まわせているからです。さらに、糖質のみならずタンパク質についても、消化管内に共生する微生物の助けを借りています（その手があったか！　それで草しか食べないくせに力は強いし、肉付きがいいのか）。セルロースは植物の細胞壁を構成する物質ゆえ、地上で最もふんだんにある有機物とも言われていますので、これが利用できるなら、それこそ植物さえあれば、どこででも生きられます。それに対して肉食系は、すばしこく逃げる生きた獲物を追いかけ、襲って食べねばならないので大変です。

雑食系とされる人や豚、ペットフードを食べる犬や猫（笑）は、食材に多様性があるぶん有利に見えますが、彼らとてセルロースを消化することはできません。神様が人間を、草木からエネルギーを利用できないようお造りになったのは、やはり「道具も火も言葉も駆使する脳を与えたのに、安直に手に入る食材で楽々と生きるようでは、いずれ宝の持ち腐れになる」と心配したからではないでしょうか（笑）。人は採取と狩猟の時代を経て、「栽培」や「養殖」の技を編み出し、さらに「食品加工」と「長期保存」の知恵も手に入れました。のみならず、自然のままの食材では消化しづらい体に造られたため、火を使って調理することも覚え、お陰で生物中で最も多様な食材を美味しく食べる楽しみも持てました。学校では、人の主食を米や小麦、芋などの炭水化物と習ったかと思いますが、人は炭水化物だけでなく、肉、魚、卵、豆など、タンパク質を主食としてもやっていけます。アフリカ西海岸には、来る日も来る日も、ほとんど魚ばかりを食べている民族がいますし、エスキモーが古来、魚や海獣、水鳥の生肉で生き延びてきたことはご存じの通りです。

地球は今から四十六億年前にでき、生命は四十～三十五億年前から続いているそうです。食物連鎖において、ほとんどの動物は常に食うか食われるかの中間に位置していますので、ある動物が増え過ぎれば、それを餌食《えじき》にする動物があっという間に繁殖し、たちまち餌食は余剰から不足に転じます。足りなくなれば食べる方も数が減って再びバランスがとれる……という自然の摂理による釣り合いの妙が続いていました。気が遠くなるような時間、食べ物は足りるかどうかすれすれの状態が続いていたので、生き物はずっと空腹との闘いだったわけです。

人も例外ではありません。人がチンパンジーと分かれたのが数百万年前、現生人類になってからでさえ数万～十数万年も経っています。前段の通り、人体の飢えに対する備えは、人以前の時代から〝鍛えられて〟いますので万全です。反対に、食べ過ぎに対する備えとしては、急性の場合はご存じのように嘔吐や下痢があります。体に良くないものを食べた場合も同じ対応となりますので、薬などで無理に止めてはいけないことになっています。しかし、慢性の食べ過ぎに対する備えは、ほとんどないに等しいのです。そればかりか、食べるほど気分が良くなり、摂取量も増えがちなので、知らず知らず肥満をはじめ、各種の生活習慣病を発症することになります。その代表格がⅡ型糖尿病（Ⅰ型は先天性）です。

尿に糖が混じるのが病名の由来ですが、それは利用できないまま血中に積みあがった糖分が腎臓のセンサーで過剰と判断される結果、虚《むな》しく尿として捨てられるからです。糖分が血液中に過剰となるわけは、ブドウ糖を細胞内に取り込ませる（＝その結果として血糖値を下げる）ホルモンであるインスリンが、食べ過ぎによる分泌腺の疲弊《ひへい》によって不足するか、たとえ分泌されても、その効果を妨げるしくみ（インスリン抵抗性）が働くためです。

もっとも、これによって細胞内に糖分が際限なく流れ込むことも避けられ、皮下脂肪も限界以上にため込まずに済むのですから、むしろ身を守るためのせめてもの抵抗と見ることもできます。「おしっこに糖が出ている、それ糖尿病だ」とばかりに、食事制限も守れない人にインスリンを追加したり、その本来の効果をストレートに発揮させる薬を処方することは正しいのでしょうか。日本でも、ようやく国民のほとんどがお腹いっぱい食べられるようになったのは、つい半世紀余り前のことでした。人として歩みはじめてからでも、その歴史のたった千分の一の期間でしかなく、ここ数十年は人類史上初めての事態が起きているわけです。昔から「腹も身の内」とか「腹八分目医者いらず」とか言われます。体の声は神の声。どうか耳を傾け、労《ねぎら》ってくださいね。

消化器のしくみと働き

ここからは、消化器の構造と機能についてお話しします。

最初は歯です。噛むという行為一つにも、食べ物を細かく擦りつぶすこと以外にさまざまな意味があります。にもかかわらず、現代の若い世代がますます食べ物を噛まなくなっていることもご存じでしょう。

斉藤滋氏の『よく噛んで食べる　忘れられた究極の健康法』（ＮＨＫ出版）によりますと、現代人が一回の食事で噛む回数は、弥生時代の六分の一以下であり、食事時間も五分の一だそうです。戦前と比べても、噛む回数が一四二〇回から六二〇回に、食事時間も二十二分から十一分にと、百年足らずの間に半分以下に減っていることが示されています。

チキンラーメンが世に出たのは昭和三十年代でした。インスタント（即席）に求められる条件は、数分で食べられること。そこで、お湯を注ぐとすぐに柔らかくなる麺が採用されました。以後の麺はほぼすべて、コシのない異様に柔らかなものとなり、それをたびたび口にする人は、噛まずに飲み込む癖が自然とついていきました。食品の軟弱化は、インスタント食品以外についても進み、すでにさまざまな弊害が表れています。

長野県のある教師は、給食風景を観察するうち、うまく噛めなかったり、よく噛まないまま飲み込む児童がいることに気付きました。給食自体が噛みごたえのないものに変わってもいたそうです。成長発育期に、極端なソフトフード中心で育てられた子どもは、噛む習慣が身に付かないばかりか、歯垢《しこう》が溜《た》まりやすいために、むし歯や歯肉炎のみならず、顎関節症《がくかんせつしょう》、不正な咬《か》み合わせも増えるといわれます。よく噛むことのメリットは広く知られていますが、改めて箇条書きにします。

一、顎や筋肉が発達するので歯並びが良くなり、表情や発声も整えられる。
二、歩くのと同じリズム運動なので血のめぐりを良くし、気分を安定させて集中力を高める。

三、むし歯、口臭、歯周病をある程度予防する。
四、唾液が出ることで、発がん物質などの有害物質の一部を無害化する。
五、脳血流を増やすので、その発達や活動を促し、高齢者では認知症にかかりにくくなる。
六、胃腸にかかる負担を軽くするので、潰瘍《かいよう》をはじめとする消化器疾患のリスクを抑える。
七、満腹のセンサーを刺激して過食を避けられるので、肥満、高血圧、糖尿病などになりにくい。

いかがですか。噛むことの大切さがおわかりいただけたことと思います。

食べ物の通り道が、食道→胃→十二指腸→小腸→大腸（＝盲腸＋結腸＋直腸）であることは誰でも知っていますね。私は二十年近く、胃や大腸の内面を内視鏡で観察してきました。中は真っ暗なので先端にある光源で照らし、内部に空気を入れ、膨らませてから撮影するのですが、内視鏡の先端の光はお腹の上からも見えました。消化管の壁は食道と胃を除けば非常に薄く、よくこれで食べ物がこなれるものだと驚かされます。食べ物は飲みこんだら最後、ウンチになって出るまで歯はありませんので、くり返しになりますが、皆さん、よくよく噛んでくださいね。

食べ物は歯で細かく砕かれ、擦りつぶされ、唾液と混ざって飲み込める状態になれば、ゴックンして喉元を通過するタイミングです。ここは食道と気道との分かれ目ですので、飲食物が間違って気管に入ることのないよう、気管の上端と連結する喉頭《こうとう》は、食べ物がすぐ後ろ側を通過する一瞬だけヒョイと上昇し、上側にある蓋《ふた》（喉頭蓋《こうとうがい》）にくっつくことで気道の入り口を塞《ふさ》ぎます。

この蓋は、懐中時計のそれみたいに一カ所（前側です）がくっついたまま開閉するので、喉頭とは離れ離れになりません（ホッ）。通り過ぎればすぐ元の位置に戻るので呼吸が可能になります。飲み下す（嚥下《えんげ》）たび、これらの複雑な動きが無意識下で連係プレーのように進行するのですから、しくみを考えた方は大したものです。食べている最中に話に夢中になったり、大声で笑ったりすると、たまに行き違えて咳込み、大変苦しい思いをしますね。当たり前ながら、飲み込みと発声は向きが逆ですので、安全のためにもどうか行儀よく使い分けてください（笑）。

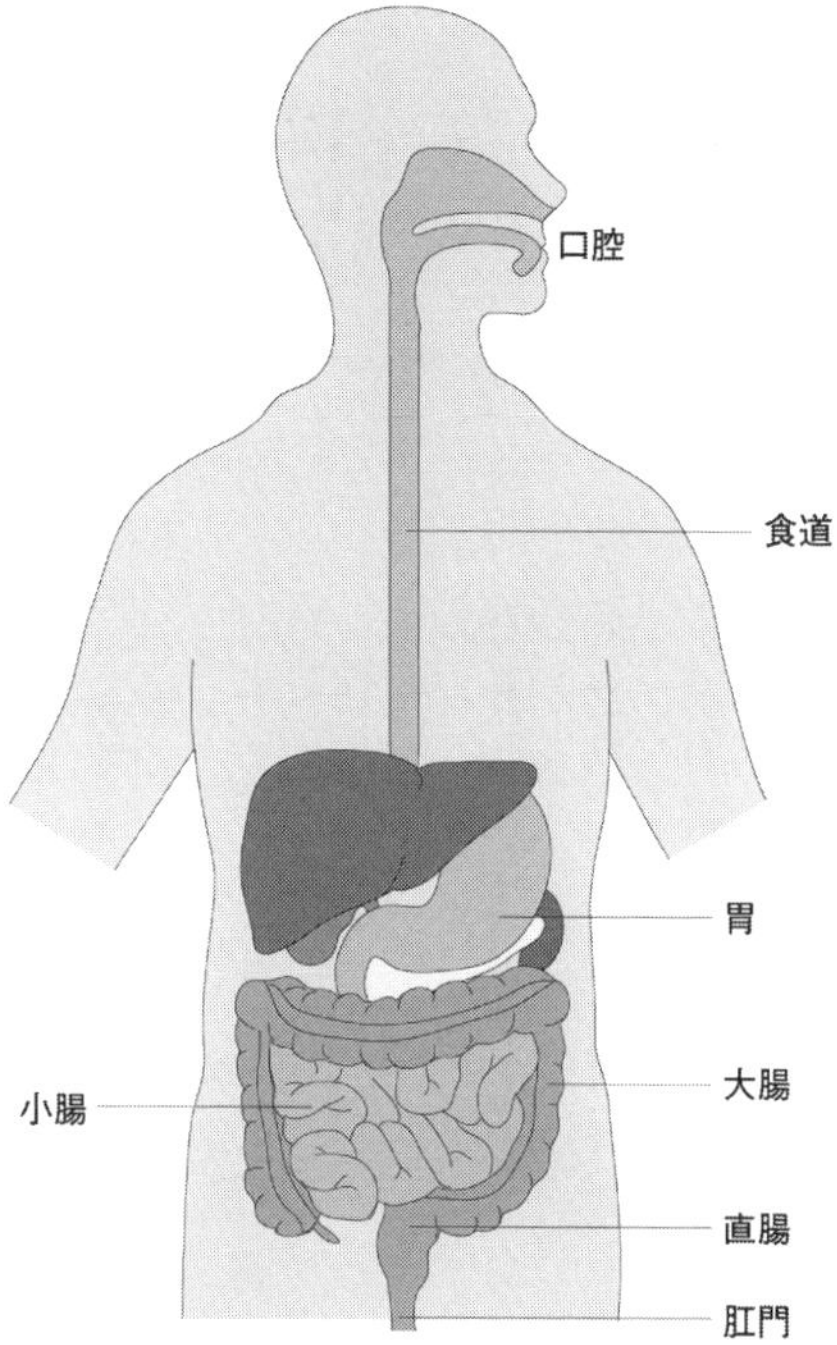

5-1 消化器

食道では飲食物がこなれてないことから、その内面は体表と同じく細胞が石垣上に重なって頑丈です。飲み込んだものは牛の乳を搾る時の指に似た動き（蠕動《ぜんどう》）と重力、粘液の作用とでスルスルと滑り降ります。食道がほぼ垂直な直線形でよかったですね。食道から胃に入る段階で、噴門（食道と胃のつなぎ目）が自動ドアのようにさっと開きます。飲食物がストンと胃に落ち込むとすぐ、今度はすっと閉じます。食べ物や胃液の逆流を防ぐためです。身を守るための多種多様なメカニズム、神様は体内に一体いくつ備えてくださっているのでしょうか。

胃の働き

胃は、食べ物が最初に収まるところですので、そこから先へ送られるか拒まれるかの第一関門です。胃に入るのは通常飲食物ですが、時には薬も服用しますね。胃としては、ここで受付あるいは守衛よろしく、消化を進めていいものか、それとも体に有害なものであったり、消化の負担が大き過ぎるので吐き出すべきかの判断をします。万一、受け入れてはいけない物、受け入れ能力を超える物が入ってきたとしても、ここならまだほんの入り口、簡単に吐き出せますので傷は浅くて済むというわけです。が、必ずしもここで〝先見の明を発揮できる〟とは限りませんので、時に間違って腸まで進んでしまうこともあります。十二指腸を越えると吐くのは困難となりますので、その場合は、せっかく吸収されようとしている食べ物や、共生関係にある腸内細菌もろともゴロゴロと腸内を走らせ（腹下しの語源）、泥水状態で流し出すしかありません（勿体ない上につらいですね）。

ところで、消化管はどれもペタンと縮んだり、パンパンに膨らんだりできます。中身に合わせて容積を自在に変えられるとは風呂敷みたいで便利ですね。中でも胃は特に大きく広がることができます。空の時にはヤクルト一本分もない容積が、お腹いっぱい食べた際には二ℓほどに膨張します。同じボリュームのペットボトルを思い浮かべてください（信じられますか?・）、なぜ胃はこんなにも大化けするのでしょうか。理由はいくつも考えられます。

まずは、食べたものを一時的に貯蔵する必要からです。もし広いスペースがなければ、私たちは一度の食事では満腹感が得にくいため、小分けした食事を日に何度も取らねばならないところでした。続けて胃は、小腸が消化吸収にスムーズに取りかかれるよう、さまざまな前処理を担っているので、そこに一時留まらせる必要があるのです（後述）。

胃液は胃酸を主体として、タンパク質分解酵素や粘液からできていますが、どのようなしくみで分泌されるのでしょうか。空腹のときでも胃液は存在しますが、空腹感のところでお話ししたように、美味しいものを思い浮かべたり、匂い、グツグツ煮立っている音、盛り付けられた見た目、味といった感覚によって胃液はいっそう増加します。さらに、食べ物が入ることで胃が広がることや、食べ物が胃液と混ざってその酸度を下げること、食物中のアルコール、タンパク質なども刺激となって胃酸を増やします。食前酒の習慣が、洋の東西を問わず見られるのも科学的に正しいわけですね。

ここからは、胃酸の働きについてお話しします。

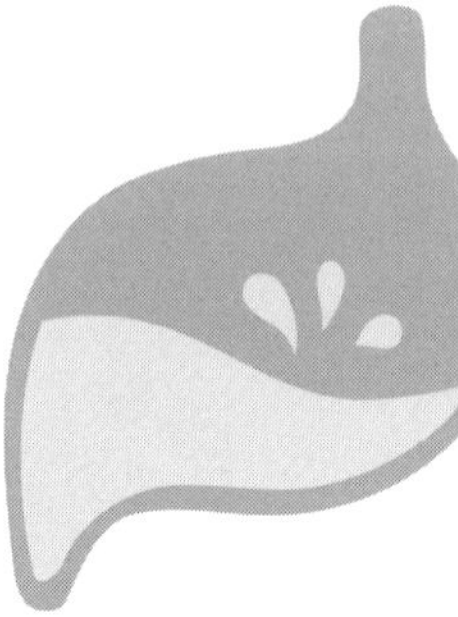

まず殺菌です。正しく調理された食品や皮を剥いたばかりの実ならほぼ無菌なのですが、厳密に言えば、空気中に浮遊したり、手指や食器に付着した微生物が存在します。そのため、胃には時に病原体が入り込みます。そこで、食べた物には、まず胃液のプールにザブンと浸《つ》かってもらい、ここで一気に殺菌するのです。なぜ殺菌が可能なのでしょうか？　胃液は胃酸とも言われるだけあって濃い塩酸が含まれています。どのくらい濃いかというとＰＨ一～二の強酸性ですので、まともに浴びれば化学火傷を起こすほどです（二日酔いなどで嘔吐をくり返した後、ヒリヒリする喉の痛みや胸焼けを感じたことがおありでは？）。これに浸かって生き残れる微生物はほとんどいませんので、まったくもって緒戦《しょせん》の好機をとらえた一撃といえます。このしくみのお陰で、床に落ちたものを拾って食べようが、手を洗わずに食事しようが、そうやすやすとはお腹は壊さないのです。

　胃酸の次の働きは、消化を助けることです。栄養素の中でもタンパク質については、胃の段階から消化に取りかかります。すなわち、酸で変性させることで分解されやすくするとともに、タンパク質分解酵素の一歩手前の形をしたペプシノーゲン（胃粘膜から分泌されます）を、実効力を持つペプシンに変えるのです。他にも、赤血球にだけ存在して酸素運搬能を持つヘモグロビンの中心に位置する鉄の吸収や、赤血球の成熟に必要なビタミンB12（動物性タンパクにだけ含まれる）を切り離します（このB12は、胃酸と出どころを同じくする物質に運ばれるお陰で分解を免れ、小腸末端で吸収されます）。

胃酸のメリットは、少なくともこれだけあるものの、その反面、強酸にさらされている胃と、それに続く十二指腸に入ってすぐの部分（球部）は、常に消化性潰瘍になりやすい宿命を背負っています。しかし、大多数の人は潰瘍にならずにすんでいます。その不思議さについてかいつまんで説明しますと、胃粘膜は盛んに血液がめぐっており、そこから粘液というバリアが絶え間なく分泌されて粘膜自身を守っているからです。この血流は、怯えたり、悩んだり、あるいは気が急《せ》いてイライラしていたりすると減少します。それから、タバコはもろに血管を縮ませますので血流は急減します。長期間の空腹（不規則な食事）も、粘膜にとっては過酷な環境となります。どれも潰瘍の主な原因とされることばかりです。反対に、リラックスしていると、粘膜は良い状態に保たれます。また、食事を適切な間隔で取ることで、少なくとも胃内に食べ物がある間は胃液の酸度を弱められますので潰瘍になりにくくなります。

飲食物はひとまず胃に収まりますが、胃は内腔《ないこう》を広げて食事で摂った多種類の食品をよく混ぜ合わせることで、腸内容の硬軟や栄養素の偏《かたよ》りを均質化することができます。これは消化にとっても好都合です。皆さんはウンチを見て、「確か、ご飯、おかず、お汁の順で一品ずつ平らげたはずなのに、出はじめから終わりまで区別がつかないな」と思ったことはありませんか（笑）。

さらに、吸収しやすいよう温度、水分、浸透圧などを調整し、体液に近い性質にもっていきます。そうしてやっと吸収がはじまります。このため、たとえば冷えたビールをジョッキで一気飲みしてもすぐには酔わないのです。「我ながら、いつの間にこんなに強くなったのか」と勘違いしたご経験は？（笑）。ちなみに、胃が吸収する物質はアルコールくらいで、その他はほとんど吸収されません。

ところが、胃を切除した方の場合、飲み込むそばからどんどん小腸（吸収の場）に送り出しますので、消化しやすい〝お粥状〟にするための水分が急速かつ大量にそこに投入され、体自体はそのあおりで一時的な脱水に陥って血圧が急に下がり、それを挽回するホルモンの出動となります。一方、血糖値は急上昇するため、一旦はそれを下げるメカニズムが作用するものの、今度は下がり過ぎて危ないとばかりに、慌てて上げる作用のあるホルモン（前出と同じ）が出され、その副作用で多種多様の異様な症状が現れます（ともにダンピング症候群と言います）。

胃で攪拌《かくはん》と均質化と調整が完了してもなお、腸へ一気に流し込んだのではさまざまな不都合が生じます。まず、栄養素によっては消化吸収が間に合いません。消化に十分な時間が取れないまま未消化物が押されて先へと追いやられ、平滑筋（本来スローペース）や各種の分泌腺が酷使されて疲れ果てるだけでなく、養分の多くがトコロテン式に無駄に排泄されてしまいます。

そこで、胃は小腸が無理なく消化できるよう、後の工程の進捗具合を知った上で、頃合いを見計らって徐々に送り出すのです。思いやりのゆっくりズムですね。内容に見合った消化の手順とペースを守るための連携プレーです。まるで胃と腸とがお互いに連絡し合っているみたいではありませんか！

腸の働き

胃の次は腸です。皆さんは腸の形をどんなふうにイメージしていますか？ 単なる渦巻ではなく、つづら折りでもありませんね。人はたった一個の受精卵からここまで複雑になれるのですから、腸に関する設計図も相当込み入ったものであったと思います。消化管も最初は、喉からお尻までが一本のごく短い管なのですが、お母さんのお腹の中にいる時からクネクネと伸び続け、大人になるまでに腸だけで八mほどに達します。伸びるとともに、数カ所のポイントではいとをつまんで捩《よじ》るような変化が起きるので、そのポイントの上下では反対方向に螺旋《らせん》形を描くのです。こんなに長く、しかも曲がりくねっているので、お腹に収納するのは大変です。曲がり角で普通に折り畳むと内腔がペシャンコになってしまうため鋭角に曲がることを避け、おおむね、ゆるくカーブしながら走行しています。皆さんも内腔のあるホースなどを収納するときは、クルクルと巻い

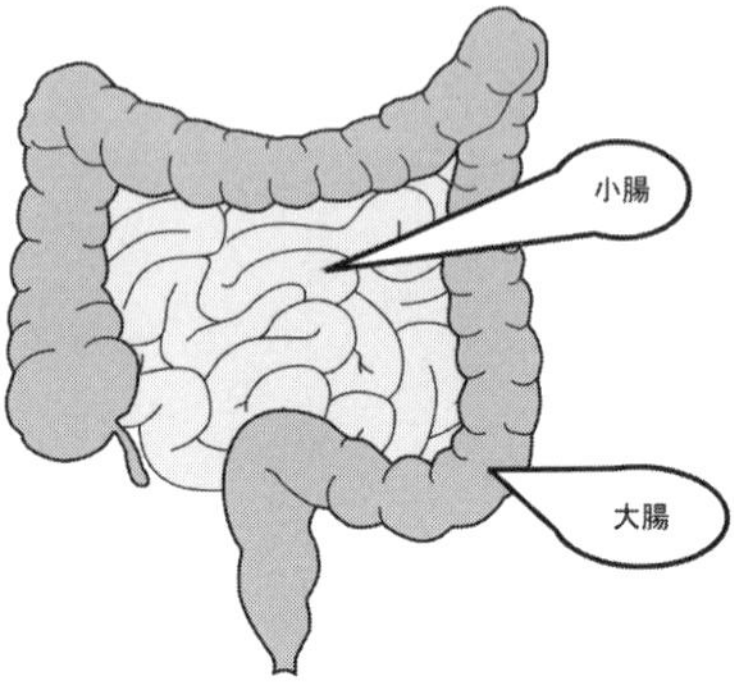

ているのではないでしょうか。

胃で処理された食べ物が十二指腸に入ると、そこからホルモンが分泌され、それが胃に働きかけて胃酸分泌を抑えるのみならず、胆汁が腸に注ぐのと同じ穴から、アルカリ性の膵液《すいえき》を出させて胃酸を中和します。ここ以降はもう胃酸の攻撃による潰瘍の心配はありません。これが十二指腸に入って数㎝の場所で起きるのですから素早いものです。胃酸は諸刃《もろは》の剣《つるぎ》であるだけに、その利点を最大限引き出した後は、悪影響が及ばないよう、たちまち封じ込めるという神様の知恵です。

小腸には、養分を吸収するための工夫がいくつもあります。吸収するスピードは、内壁の表面積に比例しますから広いほど有利です。そのための工夫として、まず非常に長いことに加え、内面にはおびただしい襞《ひだ》が立ちあがっています。これで、ただのホースみたいな管の場合に比べて、表面積が約三倍に増えます。さらに、絨毛《じゅうもう》と呼ばれる、足拭きマットみたいな突起が無数にあり、これによって表面積は十倍に増えます。結果的に、腸粘膜の表面積は、小腸だけでテニスコート一面分（約二七〇㎡）にも達します。

食べ物が〝倦《う》まず弛《たゆ》まず〟腸の中を進むために、腸では無意識のうちに蠕動《ぜんどう》運動が行われています。蠕動は、腸の壁を進行方向に沿って縦に長く伸びる筋肉と、横（つまり輪状）になった筋肉とがリズミカルに協調しあった動きで、牛の乳を搾るときの手指の動きに似ています。蠕動は食後の二〜三時間（大体は覚醒している時間帯）は、消化・吸収に掛かり切りで活発ですが、皆さんが寝ている間は、主として大腸で水分を吸収しながら少なくとも二十四時間ごくゆっくりと進みます（大腸菌やビフィズス菌・乳酸菌にとっては食事の時間ですので喜んでいることでしょう）。この蠕動についても自律神経は大活躍しています。その成果として、大抵の人は、朝起きてからそう時間が経たない間か、遅くとも朝食後には便意を催《もよお》す（胃大腸反射といいます）のですから（笑）。腸にはお疲れさまと言いたくなります。

一番体に良い食べ方とはどんな風だとお考えでしょう？　端的には消化に良いそれですよね。理想的なケースの一つとして旅館に着いてからのことを思い浮かべてみてください。まず温泉に入って、浴衣に着替えてくつろぎます。やがて食事時間になると座敷へ案内されます。お酒が注がれ、皆と和気あいあいの雰囲気の中、時間を気にせず（ついでに片付けも気にせず）、ゆったりと食べるのですから楽しいはずです。ここで、お風呂・休憩・お酒・食事、後は寝るだけは、いずれも副交感神経が司る行為です。一言で言うと「くつろぎモード」です。ただしお酒に関しては、ほどよい（ほろ酔い）量が大事で、飲み過ぎると交感神経の支配（緊張モード）に変わります。気分よく酔ってほんのり赤いのは、副交感神経ドライブになった証拠。ほんわかとしてストレスも消えていきます。ご家庭でも、食事時はホッとできる雰囲気や話題にし、たとえ深刻な状況下であっても、せめて暗くない話題にしたいものです。

消化酵素の働き

さて、消化とは食べ物を〝吸収できる小さな分子〟にまで分解することです。一部を除き、そのままでは腸の細胞膜を透過するには大き過ぎるからです。その分解を行うのが「消化酵素」です。酵素は、魔法の作用をもつ極めて重宝する物質です。皆さんも理科の教科書で触媒《しょくばい》について習ったことと思いますが、生体内の触媒が酵素です。これさえあれば、三大栄養素の分解が瞬間的に進みます。ただし、酵素はタンパク質であるだけにデリケートですので、反応させるためには、PH（ペーハー。酸・アルカリの度合）や温度を一定にしておく必要があります。このPHですが、胃内で強酸性にさらされた食べ物も、膵液のアルカリによって中和されます。以降は腸液による弱アルカリ性の環境で働く酵素類が活躍します。

ここで、胆汁《たんじゅう》と膵液について簡単に触れます。胆汁は肝臓で作られ、胆嚢《たんのう》で約十倍に濃縮されます。そして胆管を下った一番下のポイントで、膵臓を貫いている膵管と合流して十二指腸に流れ込みます。胆汁は、胆汁酸と胆汁色素を含みますが酵素はありません。コレステロールが基本骨格の胆汁酸はいわば石鹸水です。「水と油」というたとえがありますが、食物中の脂肪は、そのままでは吸収できないため、これを水にも溶けるように仲介するのです。皆さんが液体洗剤を使って食器を洗う際、ラーメンに浮いた油滴やサラダオイルは透明なのに、スポンジの上で液体洗剤と混ぜると、途端に白く濁るでしょう？　あれと同じ変化（乳化）が腸内で起きているのです。石鹸や洗剤は洗浄後下水に流すしかありませんが、胆汁酸は腸ですべて再吸収され、肝臓に戻れば前と同じ経路に進んで再利用されます。このリサイクルを腸肝循環といいます。

胆汁色素は古くなって壊された赤血球の成分の残りカスで、名前からおわかりのように独特の色が特徴です。さて、何色でしょう？　ヒントはトイレです。食べ物の色は食材や調理法によってさまざまですよね。ご飯やパンは白く、野菜は緑黄色か赤か白、卵は黄身と白身ですし、果物は柿、ぶどう、バナナ、りんごとさまざまです。ところが、体から出るときは、液体固体を問わず……おわかりでしょうか。そうです、あの色です(笑　腸内細菌の影響でやや変色しています)。もっとも、胆汁中には先の胆汁酸とこの色素の他、体内に取り込まれた毒物や異物、老廃物なども肝臓で必要な無害化を受けて合流し、まとめて排出されます。

お次の膵液は、消化の万能選手です。笹かまぼこを長く伸ばして薄っぺらくした形の小さな臓器ながら、炭水化物・脂肪・タンパク質各々《おのおの》を分解する酵素を生成します。その他にも、血糖値を一定の範囲に保つための上昇・下降ホルモンのいずれも分泌できるので、糖尿病を防ぐ一方、お腹がすいても意識やパワーが急低下せずに済みます。これも、血糖値を絶え間なくモニタリングし、その情報に基づいた指示を上位中枢へ知らせ（フィードバックといい、情報の送り返しという意味です）、それに基づいて指示が出るしくみが備わっているお陰です。甘いものを食べ過ぎたり、運動不足で太り過ぎたりすると膵臓は疲れ果て、糖尿病が忍び寄ります。「口慎めば命長し」と言いますので、くれぐれも節度を保ってくださいますよう。

酵素は、消化管だけでなく、全身の細胞にもありますが、特に活躍しているのが肝臓です。NHKの『驚異の小宇宙　人体』によると、肝臓が行っているあらゆる化学反応（合成、利用、分解、解毒などの代謝）を酵素無しで工場で行うとすれば、どのくらいの設備（当然、高温・高圧を必要とする高性能かつ複雑で大規模なプラントになります）が必要かを試算したところ、結果は〝東京都に相当する広大な敷地と途方もない金額を使っても不可能〟なことがわかったそうです。

十二指腸以下の消化管から心臓までの血液の流れですが、集められた血液は、ひとまず門脈という静脈に一本化されて肝臓に流れ込みますので、吸収された養分も、みな肝臓を経由することになります（例外は脂質で、肝臓を経ずにリンパ管で集められ、心臓へと戻ります。その理由ですが、肝臓に戻る血液が白く濃く濁るのを避けるためとも言われます）。

さて、吸収された栄養素を酸素と化合させ、エネルギーに変えることを「燃焼」とも言いますが、まさに読んで字のごとくで、木や紙を燃やすのと同じく、酸素を使って二酸化炭素と水とエネルギーが得られます。実際には、消化酵素その他を利用した、低温での酸素との化合反応です。得られたエネルギーは、表情や体の動き、発声、体温の維持、心臓をはじめとする各種臓器の働き、新陳代謝（さまざまな物質の生成と分解と排泄、体格の維持）、感覚器や中枢・末梢の神経系などに使われます。このうち、心臓の働きだけに注目しても驚くべき仕事量です。血管の全長は数万㎞もあるそうですが、その抵抗に逆らって、一日におよそ十万回血液を送り出しているのです。ためしに、太い注射器（心臓）を水（血液）で満たし、細い針をつけて全量を一瞬（一拍）で押し出してみてください。水は一回分の拍出量に過ぎず（しかもサラサラです）、針は毛細血管よりはるかに太いし、長さは五㎝もありません。それですら、いかなる怪力の持ち主でも不可能と思いますが……。心臓の、ましてや人体の一日の仕事量やいかに！

人がなぜ三度の食事だけでやっていけるのか、皆さん、不思議な気がしませんか。「無駄飯食い」という言葉すら引っ込めたくなりますね（笑）。

排泄のしくみと腸内細菌

食べ物は、養分を吸収されながらゆっくりと移動して大腸へ入ります。小腸を通る間は食べ物と粘膜とができるだけ接触できるよう、内腔が狭い上に襞《ひだ》や絨毛の突起がびっしりでした。その通過しにくさを緩和するため、食べ物は小腸内ではドロドロのお粥状態が保たれます。ところが、吸収が終われば、後は大便にして出すだけですので、大腸以降で吸収されるのはほぼ水分のみとなります。そのままではかさばりますし、お尻から簡単に漏れ出ては困りますものね（笑）。このため、大腸の内面はツルッツルで、丸い提灯を数十個もつなげたふくよかな形（そら豆の鞘にも似ています）をしています。柔らかな固形物を、じわじわと送りながらも貯蔵の役目を果たすのに、いかにも都合が良い形状ではありませんか。こうして、口に入ってからおよそ四十八〜七十二時間後にはバナナ状に圧縮され、そのお陰で排泄も一日一回、お尻まわりも汚れにくくて済みます。それにしても、トイレで気張るとき以外、ウンチがお尻から出ないでいてくれるのは有難いですね。一つには、私たちが気をつけなくても、肛門が常に締まってくれていることと、もう一つは、排便前以外の直腸は空《から》だからです。

神様は、排泄が滞《とどこお》ることのないよう、便意・尿意を催させますね。おまけに、用を足す（排泄）時を、とても気持ちの良いものにしてくれました。皆さんも、気体・液体・個体を問わず（笑）、その際の快感・排泄後の爽快感はご納得かと思います（笑）。おならがしたい、尿意、便意などは有難いことですので、これらの感覚を大切にしてなるべく我慢しないようにしましょう。出るべきものを止めてはいけないのです。おなら・おしっこ・ウンチを我慢する人は、家にたとえれば、換気、排水、ゴミ出しができないようなものです。汚れた空気は換気し、下水は排水し、生ごみはゴミ置き場へ出してこそ屋内の清潔が保たれます。おならはエチケットさえ守れば、その都度外へ逃せます（一方ウンチは一日の同じ頃にまとめて……です）。気体か固体かを無意識で識別できるお陰で、失敗せずに済んでいるのです。お気付きだったでしょうか（笑）。

消化管は内部ですが、呼吸器と同じく外部と通じていますので、微生物との関わり抜きには語れません。O―一五七も大腸菌の仲間ですが、人によって発症したりしなかったりするのはなぜでしょうか。実は、近代の私たちの生活と密接にかかわっていたのです。

ここからは、腸内細菌と感染症・免疫の関係に詳しい、藤田紘一郎医師（東京医科歯科大学名誉教授）の数多くの著書でくり返し強調されているお話から、抜き書きで紹介いたします。

食物繊維は、カスみたいに思われていますが、腸内細菌は、乳酸菌、ビフィズス菌、大腸菌たちがお互いにバランスを取りながら食物繊維、糖質、アミノ酸、脂肪酸などを分解して栄養を得、それによって免疫機能も高めています。腸に沿って付随する、細長くて薄っぺらいパイエル板というリンパ組織に働きかけるのですが、ここが体全体の免疫力の七割をも担っているそうです（あとの三割は、笑いその他による心の有り様だそうです）。腸も皮膚と同じく、共生する細菌が占領しているお陰で、病原性微生物の侵入を容易に許さないのです。

人間の腸内細菌は、数百種類、数百兆個あるとされ、世界人口の比ではありません。主であるヒトの細胞数（三七兆）をも凌いでいます。体重のうち一・五kgは、腸内細菌の重みとも言われますから軽くはありません。便には一g当たり一兆個もいて、便の重さの二〜三割は腸内細菌だそうです。最大の店子《たなこ》なのに、現代はそうした細菌たちを汚いものとして排除しているため、腸内細菌が減っているというのです。

一つは水道です。殺菌のため添加された塩素を飲むので、腸に住まわせている細菌まで死んでしまいます。限りなく清潔にすることは、本当に健康に結びつくのでしょうか？

四分の一世紀近く前にO—一五七の大規模な集団感染があり、その名は一般の方々も知るところとなりました。その中のある集団で児童の便を調べたところ、O—一五七が大量に検出されながら一度も下痢をしなかった子どもが三〇%、逆に下痢をくり返して入院した子どもが一〇%でした。入院した子どもたちを調べてみると、大変に神経質で大腸菌の数が少なかったそうです。逆に、下痢をしなかった三〇%の子どもには、大腸菌が通常量検出されたのです。残る六〇%の子どもたちは、少し下痢をしたが元気だったとのことです。

O—一五七は毒素を作るのに七〇%の力をさかねばならず、生きるエネルギーに使えるのは三〇%しか残りません。生きるためにエネルギーのすべてを使う細菌には敵わないのでO—一五七は追い出

され、雑菌のいるところには毒素を産生するO―一五七はいないことが証明されているそうです。国別では、米、日、仏、英、カナダ、北欧等の清潔な国でO―一五七が発生しているとのことです。土で育てられた大根は雑菌が多いのでO―一五七は同居できませんが、堺の事件で原因とされたカイワレ大根は、無菌で育てられていたためにO―一五七の運び屋になってしまったとのことです。大腸菌は悪者ではなく、本当は重要な働きをしているので〝用心棒〟と考え、体内でバランス良く共存することが大切なのだそうです。

うなぎから連想されるもの

◇仙田　元始まりのお話では、「飲み食い出入り」の道具としてお使いになったのは「うなぎ」という魚です。子どもの頃は、近所の川でも天然のうなぎが獲れて、時々口にすることができましたが、今ではすっかり希少な高級食材となって、めったに食することができなくなりました。高タンパク、高ビタミン、ミネラルも豊富に摂れて、まことに美味、しかも消化も良いということなら、高価が付くのも致し方ありません。

この魚の生態は長い間謎に包まれていて、どこで産卵しているかさえもわかりませんでしたが、最近の研究では、マリアナ諸島西方の北赤道海流域の中層という説が有力です。それにしても、そんな遠いところからなぜ、日本各地の河川や湖沼、内湾などにやってくるのか、その理由はよくわかっていません。

この魚は、表面がヌルヌルしていて捕まえることが難しいこと、上へも下へも自由自在に移動できる性質から、「融通の利く心」「余裕のある心」「物事を堅苦しく考えない遊び心」などが連想されます。

その一方、三宅氏の解説にもあったように、消化器系の各器官はそれぞれが独立してバラバラに動いているのではなく、互いに連携し合って、微調整をしながら食べ物を消化・吸収し、排泄にあたっても無駄なく、再利用するしくみを備えています。そこから、「たすけ合う心」「相手を気遣う心」「思いやりの心」「ものを活かす心」などもイメージされます。

また最近の研究では、腸が各臓器の負担を和らげるために、伝達物質を出して、各器官が上手に連携できるように司令を送っているという驚きの発見もあります。

これからも科学技術の発展にともない、体内で起こっているさまざまな働きに関する驚きの発見が次々と報告されることでしょう。日々、私たちの体が問題なく動いているということは、私たちが事の詳細を知らないだけで、実は親神様の計り知れない絶大なお働きのお陰であることを忘れてはなりません。

生物進化研究の新発見

明治・大正期に東京帝国大学で経済学を教えていた和田垣謙三教授が、あるとき学生に「どうすれば金もうけができますか」と問われてこう答えました。

「猿の毛を抜け！」

「MONKEY」（猿）の「K」（毛）を抜けば「MONEY」（金）になる。こんな気の利いた答えを返すところが、当時の大らかな時代らしいですね。

そのお金のことですが、今も昔も「お金」というものはとても便利なもので、現代社会では最低限はなければ困ります。お金自体は善でも悪でもありません。しかし、その魅力にとりつかれて、「あるが上にも、もっと欲しい」といった欲望の心が際限なく増大してしまうと、人生行路を誤りかねない深刻な事態を引き起こすものでもあるようです。

以前、NHKの番組で、人間の祖先はどこでサルと進化の枝分かれをしたかという内容のものがありました。アフリカ大陸の南西部、カラハリ砂漠に住むサン族（映画『ブッシュマン』で知られる）は、現在地球上にすむ人類の中で最も遠い祖先のDNAを持っています。彼らは昔ながらの狩猟採集を続けていて、採集した食料は、基本的に村に持ち帰って、村人全員で平等に分かち合うルールがあります。彼らの社会で最も嫌われるのは、自分勝手で、家族だけでしか分かち合わない人です。そんな人たちは村から追放され、孤立して生きていくことになります。なかなか厳しい話ですが、それが過酷な自然の中で生き延びるための根源的な生き方なのです。

しかも、その精神は一族の中だけでなく、近隣の村同士でも見られました。この地域が深刻な飢饉《ききん》に見舞われた時、その村は飢饉で苦しみませんでしたが、近くの村は飢餓に陥り、その村に助けを求めてきたので、村人たちは快く食物を分け与えました。すると、翌年、豊かな降水があって飢餓を克服した村は、その時のお礼にと、牛乳をたくさんプレゼントしました。「分かち合う」という生き方は、それ自体が非常時の備えになっているというわけです。

また、サン族の村では女性たちが、しばしば首飾りやブレスレットなどの装飾品を作るのですが、それらは決して自分で身につけるためではなく、誰かにプレゼントするために作るのだそうです。たくさんの首飾りをつけていた長老の女性は、そのわけを次のように話しました。

「祖先たちがずっと交換し続けてきたから、私たちも交換するのです。もし私があげたら、その人もまた別の人にあげる。最後は自分のところに戻ってくるまで、その交換は続いていくのです。だから首飾りをたくさんしていない人は交友関係が少ない人です。私のようにたくさんしている人は交友関係が多いのです。困ったときに助けてくれる人が多いのです」

分かち合う暮らしの中で、人と人を結ぶ絆として首飾りが受け渡されていく。受け取った人は、その首飾りを身につけることで「私はこのグループの一員です。ともに生きていく仲間です」という大切なメッセージを示すことにもなっているということです。〝分かち合いと絆〟それが進化の過程における人類とサルとの分岐点だったという説は、何とも興味深いものがあります。

さて、サルとヒトは進化の隣人と呼ばれるように、遺伝子の違いはわずか一%に過ぎません。それが今から七百万年前、アフリカの森で袂を分かちましたが、その決め手が「分かち合う心」を持つかどうかだったというのです。

山本真也博士（京都大学霊長類研究所准教授）は、次のような実験をしました。

隣り合う二つの部屋にチンパンジーを入れます。そして、一つの部屋の方にはストローを使わなければジュースが飲めない容器を与え、もう一方は、ジュースは飲めるけれど、ステッキで引き寄せないと取れない位置にジュースがある状態にします。しかも、道具はともに別の部屋に置かれていて、互いに協力し合わないと、どちらもジュースを飲むことができません。

この実験を繰り返しいろんなチンパンジーで行った結果、困っている相手に対してチンパンジーは、道具を差し出す知性を持っていることがわかりました。ただし、相手が壁や手を叩いたり声を出したりして、道具を要求したときにのみ受け渡して、相手からの要求がなければその行動が起こらなかったと言います。

また、片方しか道具を持っていない状況でも同様の実験をしました。渡す方には何の見返りもない状況ですが、この場合でも道具を差し出しました。ところが、ジュースを手に入れた方は自分だけで飲み干してしまい、お礼に相手にも分け与えるという例は一度もなく、道具を渡した方も、それを非難しないという、私たち人間の常識ではとても違和感がある結果になりました。

次に、こんな実験もしました。隣り合う二つの部屋にチンパンジーを入れます。どちらの部屋にも自動販売機があって、コインを入れれば下からリンゴが出てくるのですが、リンゴは自分の部屋ではなく相手の部屋に出るようになっています。そこで、まず二つの部屋の真ん中に立って、コインを一枚ずつ交互にチンパンジーに渡すと、どちらも問題なく相手のためにコインを投入口に入れました。

しかし、それぞれの部屋に五〇〇枚ずつのコインをまとめて渡すと、最初の内はコインを入れますが途中で止まりました。それは、最初にコインを入れた方が次からも入れるばかり、もう一方がリンゴを取るばかりで、お返しにコインを入れ返す事がない。それで、四、五回で止まってしまうというのです。チンパンジーの知性はすごく高く、困った相手をたすけることはできるのに、実は「たすけ合う」ことができないというのです。

その点、人間は違います。お母さんが幼い子どもの口にイチゴを入れると、子どもの方も「ママ」と言ってイチゴを母親の口元に運ぶ。これはどこでも当たり前の光景です。いただくとそのお返しにこちらも進んで差し出す。それは文化や時代が違っても、変わることがない人間の本性として、互いにたすけ合うようにできているのだというのです。

ところで、このたすけ合うという行為は、知性によって自発的に生まれるものではなく、相手の喜びを、我が喜びとして共感できる能力がないと成立しないということです。

天理教の信仰の目標である陽気ぐらしは、互い立て合い、たすけ合う暮らしの中から味わうことができると教えられます。奇しくもそのことが、サルとヒトとの進化の違いにも大きく関わっているようです。親神様が人間に、そんな知恵の仕込みをされたということでしょうか。

神恩報謝ということ

「この世は神のからだ」、それはすなわち、神がこの世の法則をつくり、万事が順調に運行するようにコントロールしているということです。そして、その中で生きる人間の体もまた、親神の一日二十四時間、片時も休みなくお働きくださる十全の守護があってはじめて、何不自由なく結構に暮らすことができるのです。

この人間存在の元を、簡単明瞭にお説きくだされている言葉が「この世は神のからだ」なのです。そのお恵みに対して、私たちはどういう形でお応えすれば良いのでしょう。

土佐卯之助・撫養大教会初代会長は、「神恩報謝」(『本部員講話集(上)』)という講話の中で、こうした親神のお働きに対するご恩の報じ方を次のように語っています。

……この身上は天の大神様より貸して頂き借りていて、日々に深いところのお恵みを蒙って楽しい日を送らせて頂いて居るのであります。その御恩を忘れるような事があってはならぬ、この御教えによって初めて身上は神様よりの借物にして、日々自由用頂いて居るその元の理を教えて頂いたのである。

我々が日々こうやって暮らして行けるのも、身の内水気暖味《すいきぬくみ》があるから楽しく暮らして行けるのである。故にこの身上借物貸物であるということについては暫くもその御恩を忘れるような事があってはならぬ。この借物の理を聞き分けたなれば神様の御恩は身に沁みて、神恩報謝の念は湧き来り、それが行いにあらわれて勤める故に、事上（本文ママ）も治り、身上も悩む事なく、怪我過ち不時災難の生ずることは無いようになるのであります。

ここでの「身上」とは人体のことで、「天の大神様」というのは親神様の当時の呼称です。そして、この部分の要点は、私たちの体は神様からのかりものであるばかりでなく、日々親神様から十全のお働きという深いお恵みをいただき続けているということです。そこで、私たちはこの親神様のご恩を忘れることなく、そのご恩に報いる暮らしを心がけること、これがお道の信心の一番大事なことだと説いています。

続いて、私たちが生きる上で欠かせない食べ物のお恵みに関しても、次のように述べられています。

各自が日々の衣食住も、その人々の徳に添うて与えて頂いて居るのである、日々食べるところの海の物も山の物も、みな天の恵みである、天の恵みというは気候である。この気候が有るので、花咲き実は熟り、又海の物なれば気候に応じて育ち大きくなり我々の食に上るのである、この気候が無ければ一日として世界万物は育つものでは無い。気候は天の恵み。この世に於ける人としては、この広大なる天の恵みの理を治めて、日々神様の御恩を報謝して暮らさねばなりませぬ。

このように、気候をはじめとする自然現象も、人間が生きる上で無くてはならない食の環境においても、すべては親神の十全のお働きの賜《たまもの》であるということを、いくつもの事例を挙げて説いています。

私たちが命をつなぐために摂取している食物が、口から入って肛門から出ていくまでには、体内でさまざまな、不思議な出来事が起こっています。しかしそれ以前に、食べ物が当たり前のように私たちの食卓に上っているのも、実は親神様の天然自然の守護があってのことですから、私たちはこのご恩を忘れることなく、日々常に、感謝の心で食べ物をいただくことが大事だというわけです。

第六章〜かしこねのみこと

かしこねのみこと　人間身の内の息吹き分け、世界では風の守護の理。

◇**仙田**　「人間身の内の息吹き分け」というのは呼吸のことです。私たちは、呼吸によって新鮮な酸素を取り入れ、二酸化炭素を排出して命をつないでいます。

『おさしづ』に、

蝶や花のようと言うて育てる中、蝶や花と言うも息一筋が蝶や花である。

（明治二十七年三月十八日）

というお言葉がありますが、呼吸はそれこそ、人体の生死に関わる非常に重要な働きです。呼吸によって取り入れられた空気中の酸素は、肺で二酸化炭素と交換され、新鮮な酸素は栄養分とともに、血管を通してすべての細胞に運ばれます。そして、各細胞でその酸素を使って養分を燃やし、いろいろな働きのエネルギー源となっているわけです。その時生じた老廃物や二酸化炭素は、血液に溶け込んで回収され、血管を通って心肺に戻ってきます。

心拍や体温など、生命を維持するしくみは、すべて自律神経の支配下にありますが、呼吸だけは、自分の意志で調整することもできる〝二重支配〟となっています。

「吹き分け」とは、自由意志で言葉を話すこと（声によって、他者に情報を伝達したり、自らの喜怒哀楽という心を伝えること）であります。また、〝歌を歌う〟〝大声で笑う〟なども、息を吹き分けることで得られる陽気ぐらしに欠かせないツールであるとも言えます。

鼻のしくみと働き

◆**三宅**　この章では、呼吸に関係する鼻、鼻腔、喉、気管・気管支、肺などの構造と、その働きについてお話しします。

最初は、空気を取り入れる鼻です。鼻と言えば、皆さんはまず〝匂い〟を思い浮かべると思います。嗅覚は五感の一つで、鼻はその取り入れ口ですから大切です。匂いを含んだ空気を受け止めるセンサーは、鼻の付け根の一番上、目と目を結んだ線の真ん中に相当する部分のやや奥にあります。ここで、嗅覚を支配する脳から伸び出した神経が、何十本も頭骸骨を突き抜けます。ちょうど歯ブラシを二本、背中合わせにし、ブラシ部分だけを前後方向に、水平に（毛は上下を向きます）置いたみたいです。この細い神経は、鼻腔の壁に蔦《つた》のように張り付いた後、その先端を生花の剣山のように表に出して待ち構えています。多種多様な物質に反応してその刺激を脳に伝え、そこではじめて匂いとして感知されます。

皆さんは匂いを嗅《か》ぐとき、どんなふうに空気を吸い込みますか？　そうです！　口を閉じて鼻をクンクンさせますね。嗅覚のセンサーは、呼吸する空気の通り道からすれば本筋を上部に外れた一帯にあるため、通常の経路の一つ（口↓喉）を遮断した上、鼻の上部を狙って吸った息を集中させ、匂いとセンサーとの接触を増やすというわけです。今さら驚くまでもない当たり前のことなのですが、神様が本能として導いてくださっていたわけです。とっても細やかでしょう？

嗅覚は、味覚よりも複雑で、人が区別できる匂いの種類は、味よりもはるかに多いそうです。生き物には、目を持たない種類も多いのですが、彼らでも匂いをたよって餌をとる能力があります。また、目がある種類でも、最初に餌や毒物、異性を感知するのは嗅覚だったりします。人も匂いに関する記憶はとても強く、はるか昔に嗅いだものでも覚えているそうです。何十年も前のお母さんの匂いや、初めて食べてお腹を壊した苦手な食材の匂いも、きっとどこかに大事にしまわれているのでしょう。また、風邪をひいて鼻が詰まると、食べ物が美味しくなくなりますね。たとえ味覚が正常でも、食べ物

の味があまりしなくなるから楽しくないですよね。お気付きの通り、私たちが感じる風味には、匂いが大きく関わっているからです。

鼻の穴の入口には、男女の区別なく毛が生えていますね。皆さんは、ほこりっぽい場所に出たとき、思わず口を閉じて鼻だけで息をするのではないでしょうか。また上品にハンカチを鼻に当てる方もいます。お察しの通り、この鼻毛は、最初にほこりを取り除くフィルターです。手入れなしで一生最適の状態を保ってくれます。

鼻全体のつくりを見てみましょう。一皮むくと、鼻の上側三分の一は硬い骨で構成され、下側三分の二は軟骨でできています。下部には鼻先がありますが、ここは特にスポーツなどで、時々ぶつかって痛い思いをしますね。でもほとんどの場合、形は保たれているでしょう？ ちょっと鼻の先をつまんで、軽く左右に曲げてみましょう。痛くないし、ちゃんと元に戻りますね。神様はこの部分が当たり易いことを見越して、折れにくく、復元性のある軟骨にしたというわけです。車だってご存じの通り、接触する可能性の高い前後のバンパーには、ウレタンなど柔軟性があって、へこんでも元の形に戻る素材が使われていますね。

鼻の内側の空間は鼻腔といい、鼻中隔《びちゅうかく》という仕切りによって、左右二つの通り道に分かれています。鼻中隔も骨と軟骨からなり、鼻の入口から喉の手前まで立て板状にはめ込まれています。これだけでも中が狭くなるというのに、天井と左右の壁から鼻甲介《びこうかい》という棚状の骨が合わせて三対も張り出しているのです。おまけにこの鼻甲介、平たい棚ではなく下向きに鉋《かんな》くずみたいにカールしています。これでは、いよいよ鼻腔は狭くなりますね（指先しか入らないのも納得いただけたかと）。さらに骨や軟骨もむき出しではなく、その表面全体を粘膜が被《おお》っているのですから、鼻炎などで腫《は》れぼったくなると、空気の通り道をふさいですぐに鼻づまりを起こします。

ここで質問です。空気を最初に吸い込む鼻の穴は、なぜ左右一対の小さな穴に分かれているのでしょうか。さらにその奥がどうしてこんなに狭くて複雑になっているのでしょうか。

その理由を解明しましょう。確かに、こういった構造は内腔を狭くするものの、入り組んだ形になればなるほど、表面積は飛躍的に大きくなります。その表面の粘膜には、血管が密集しています。広い表面積と豊富な血管があるお陰で、外気を素早く温め、湿り気を与えることができるのです。これで吸気は、温度も湿度も体内に合わせて調整されるので、喉や気管・気管支・肺に至るまで（まとめて気道と言います）、温かく湿った状態のままに保つことができます。北国の人びとが、冬場に零下の冷たく乾燥した空気を平気で吸っていられるのはこのためです。

神様の意図は、少なくとももう一つあると思われます。鼻だけではないのですが、喉から気管支に至る粘膜には短い毛（線毛）が生えていて、おまけに粘《ねば》い液を分泌しているのです。鼻毛をくぐり抜けた異物の小さな粒子も、さすがに入り組んだ通路のネバネバにはとらえられます。次いで、繊毛がそれらを喉元へと送り返し、最終的に咳払いをした際に痰として排出されます。これらの働きによって、肺に入る空気はあらかじめ浄化されるのです。鼻の奥がムズムズしてくしゃみをしたりする時、その原因は寒さだけでなく、ほこりやタバコの煙や化学物質だったりもします。くしゃみには体温を上げることの他に、吸気を浄化する役目があったのです。

車のエンジンやエアコンも、外気を取り入れる部分にはフィルターが装着されていますが、さすがに引っかかった異物を排出することまではできませんね。加温・加湿・浄化……これ一つとっても、神様のお考えになることは人知では到底及びません。何とも有難いことですね。

気道のしくみと働き

では先へ移りましょう。口の奥は咽頭《いんとう》と呼ばれます。その下で気道は前に来て、後ろ側を通る食道と分かれます。喉仏を触ってみましょう。その裏側（後ろ側）は、空気の流れを利用して声を出す声帯が、左右から水平に閉まる扉のような形で立ちふさがっています。俗に言う喉笛です。声は外へ響かせるものですから、できるだけ口の近くが好都合ですが、食物の通過を邪魔してもいけないという理由からか、食道と分かれてすぐのところにあります。気道は、声帯を過ぎると気管へと変わります。気管は、長さ約一〇㎝くらいのホースみたいなものです。ただのホースではなく、神様はいくつもの工夫をなさっています。

まず、水をまくホースではなく、洗濯機や掃除機のホースに似ています。そのわけは、折り曲げた時の形を思い浮かべていただくとよくわかります。前者の水まきホースでは、折り曲げると水の通りが極端に悪くなりますね。それに対し、掃除機のホースは一八〇度曲げてもUの字になるだけで決して折れず、吸い込む勢いはまったく影響を受けません。このため、狭く奥まった場所であろうとホースの曲がりを気にせず、ノズルを自由に動かせます。

首は、頸椎とその中を貫く脊髄、気管や食道、頸動静脈など重要器官が通っている割には、頷いたり、後ろに反ったり、左右を向くだけでは足りず、急にふり返ったりと、一日のうちに実によく曲げたり捻《ひね》ったりしています。首の中にある管のうち、食道は飲みこむ時だけ通過できればいいわけですから、皆さんもその瞬間は、喉を真っすぐにしていることと思います。試しにグッとうつむいて、つばをゴックンしてみましょう。とてもやりづらいかと思います。食道は基本的に散水ホースです。

一方、気管の方は年中休むことなく空気が行き来せねばならないのですから、一瞬でも内腔がふさがると、息が詰まって大いに焦ります。そこで、気管の軟骨は、基本的には掃除機のホースみたいに一五〜二〇個からなるリングが間隔をあけて並び、リングとリングの間は薄い膜で連結されているのですが、もうひと工夫されていて、完全な輪ではなくCの字型（馬蹄形）をしています（図6―1）。どうしてか？

それは、後ろに食道が接していることと関係があります。Cの字の欠けた部分（背中側で全周の三分の一から五分の一）は上から下まで連続する膜が張っていて、それを境に食道がピッタリとくっついているのです。このように、軟骨をわざと一部欠いている理由、それも後ろ側だけが欠けている理由、もうおわかりでしょう。

お察しの通り、嚥下《えんげ》（飲み込むこと）が最大の理由と考えられます。食道を食物が通過する際、前に接する気管の軟骨がゴツゴツと食道側に張り出していると、飲み込むたびに、すんなりと下りていかず、不愉快に感じていたはずです。とりわけ、繊維を多く含む生野菜やお肉などの、やや飲み込みにくいサイズの食べ物をゴックンする時は、途中で止まったままという困ったことも起こり得ます。それなら、最初から両者を離しておくという設計も可能ですが、そうなると今度は、首が太くなる分〝回しにくく〟なるし、スタイルの点からも……達磨さんをご想像ください……受け入れがたいですよね。

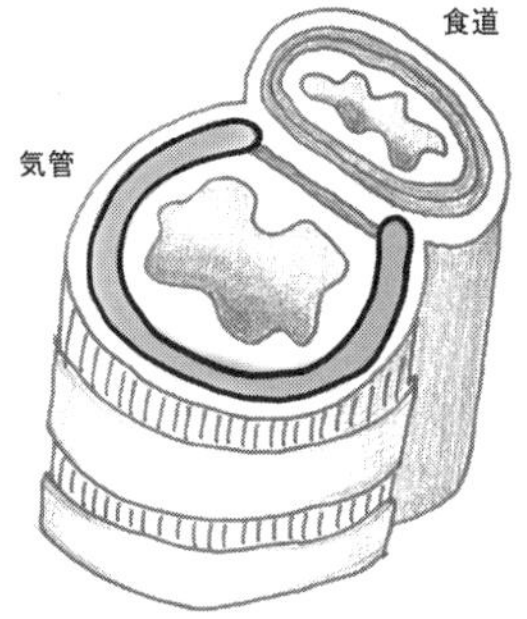

▧ 6-1 気管と食道

考えてみれば、人間が作った物には、自然界の真似をしたものが数え切れないくらいあります。皆さんにも動植物をよく観察することで、それまでなかった何かを発明するチャンスが与えられているわけです。

さて、気管は理科で習ったように、肺に入る手前で左右二本の気管支に分かれます。左右対称に分岐するかと思いきや、右気管支が真下に対して二五度だけ右へそれるのに対し、左気管支は下から心臓に押し上げられるような形で、左へ三五〜四五度も曲がっています。気管に物を詰まらせると窒息の危険がありますが、その先にある気管支のいずれか一方に入り込めば、逆に命は助かります。なぜなら、反対側の気管支と肺だけでも息がつけるからです。

では、行き違えた物はどちらの気管支に入るのでしょうか？　小さな粒が何個かあった場合はどうなるでしょうか？

お察しの通り、ほとんどが気管から見て、より直線に近いルートである右気管支に入ります。本来であれば、異物が気管の分岐する直前にとどまるか、気管支を両側とも塞いで命を落としていたところ、神様は心臓を体の中心からわずかにずらすことでそれを巧みに避け、誤って飲み込んだものは、フェール・セーフで片方の気管支へ逃すようお考えになったようです（このことは他の要因も関与しているかもしれません）。一旦は、空気が出入りできなくなった右肺も、左肺で呼吸できるお陰で、酸素を含んだ血液の循環によって生かされますし、早いうちに内視鏡で取り出せますのでご安心ください。より末梢に入り込んだ場合は、呼吸機能にほとんど影響を及ぼさず、忘れ去るほどの年月を経て咳とともに外へ飛び出すことがあります。

気管支は、教科書に描かれている図では、その先は肺の外観に隠れて見えなくなっていたと思います。実際には、二十数回も分岐をくり返し、最終的に一個の肺胞（直径は十分の一㎜ほど）に空気を届けます。ここまで小さいと、内側にくっついている液体の分子と分子の間で引っ張り合う力（表面張力）のせいで、自ら縮んでつぶれてしまうところですが、何とその表面張力を下げる物質（サーファクタントと言います）を出す細胞が用意されているために、肺胞は丸い形を保てるのです。この物質は、お母さんのお腹に命が宿ってから約五カ月経たないと分泌されないため、それ以前に産まれた赤ちゃんには、人工のサーファクタントを与えて息ができるようにします。

肺のしくみと働き

肺の形はブドウの房にたとえられますが、粒にあたる肺胞は数億個ありますので、その数はブドウの一千万倍と桁違いです。ここで肺の全体像を思い描いていただくため、あるたとえ話をします。

ソフトボールくらいの大きな粒が、二つか三つしかならない特殊なブドウがあるとしましょう。その一粒に目を近づけてよく見ると、それがまたもや元の房と同じ形でひと回り小さな二、三粒からなるブドウの房の形をしているとします。その一粒をよく見ると、またも一層小さな二、三

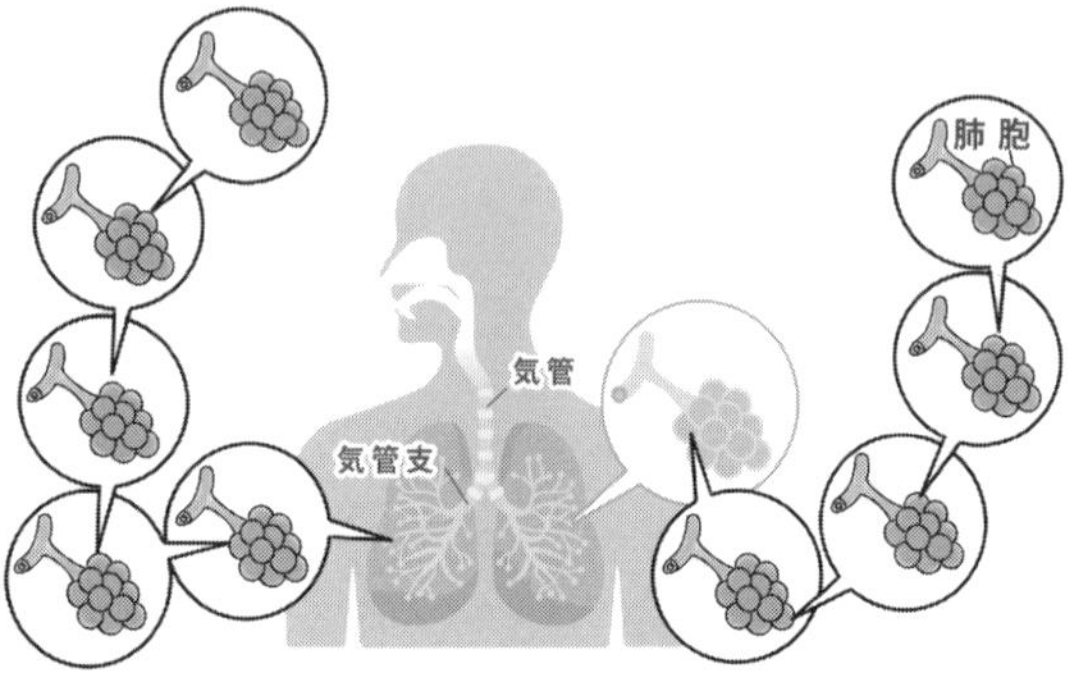

粒の実が……このくり返しの回数が先に出てきた二十数回だとしましょう。これだけ枝分かれをくり返せば、最終的に粒の数が億単位になるのもガッテンいただけるかと思います。

　では、ここまで枝分かれをくり返す目的は何でしょうか？　鼻の内部の構造を思い出してください。形を複雑にして表面積を広くしていましたね。肺も同じ考え方で、膨大な数の肺胞を拵《こしら》えることにより、酸素と二酸化炭素を交換する面積をうんと大きくしているのです。どのくらい広いかというと、部屋にたとえれば、六畳敷きで六〜十部屋分に相当します。肺活量は三〜四ℓですから、大きめのペットボトル二本分ですね。左右の肺に一本ずつボトルがあるようなものですが、ただの入れ物ではなく、ブドウの房の形を何度もくり返すことで、肺胞内面の面積をここまで広げられ、ガス交換が飛躍的に有利になります。このお陰で、皆さんも一日のほとんどの時間を「ハアハア」言わずにすんでいるのです。

　さて、肺はどうして膨らんだり縮んだりできるのでしょうか？　実は肺が膨らむのは、私たちが何種類かの筋肉を使って胸を膨らましているからなのです。

一つは、よくご存じの横隔膜です。膜と言いますが、れっきとした筋肉で、落下傘のような形をしています。これが動かないと呼吸は全く不十分となり、自力での生命維持は不可能になります。横隔膜は意識せずとも上下動をくり返しています。下にグッとさがる（上下の幅が増す）と、同時に肋骨と肋骨の間に張り巡らされた筋肉も、肋骨を引き上げて両隣との間を広げる（上下左右と前に張り出す）ので、息を深く吸うと、三～四ℓもの空気を取り入れることができます。反対に、息を吐く時は、力を抜くことでほぼ済みます。もともと肺には、縮まろうとする性質があるからです。

ここで、またも問題です。胸を広げるとどうして息が吸えるのでしょうか？　肺は一番外側を一枚の膜で被われているのですが、胸腔《きょうくう》という肺の入れ物の内側にも、一枚の膜がピッタリ張り付いていて、それが肺の膜のすぐ外側に同じ形で寄り添っているのです。この二枚の膜と膜との間にはわずかなスペースしかなく、そこには少量のツルツル滑る液体だけがあります。そして胸腔が広がる時は、このスペースを真空にはできないため、肺もそれにつられるように広がる結果、その分に相当する量の空気が肺に取り入れられます。空気は〝喉〟で吸っているのではなく、〝胸腔を広げる〟ことで自然と取り込まれているわけです。

先の二枚の膜は、息をするたびに擦れ合っているので、一年間に呼吸数と同じ約一千万回も摩擦をくり返しているのですが、先ほどお話ししたように、滑りやすい液体が間にわずかにあるお陰で、透き通るような薄さであるにもかかわらず、破れずに済んでいるのです。どれ一つとっても驚きのしくみだと思いませんか。

私たちが肺に吸い込む空気は、全てが新鮮なのでしょうか。シュノーケルを使って潜《もぐ》って遊んだことがある人は経験がおありかと思いますが、管を通して息を吸っても、吸いはじめは今吐いたばかりの空気を、もう一度吸っているだけですね。管は長ければ長いほど深く潜れますが、その代わり、息をする上での無駄も大きくなるというジレンマがあります。気道という言葉を思い出してください。実際に、肺でガス交換に関わるのは肺胞だけですので、気道（鼻・口から肺胞の手前まで）の空気は、シュノーケルの管内の空気と同じく一呼吸前の吐息なのです。そのため、気道のこの部分にはガス交換の観点から死腔という有難くない名前がついています。死腔は、およそ一五〇㎖ですので、深呼吸をする時の肺活量（三六〇〇㎖とします）に比べれば無視できる量です。しかし、安静時の一呼吸はおよそ五〇〇㎖ですので、吸っている空気の三割は使い古しということになります（笑）。が、呼気（吐息）も意外と再利用できるわけです。死腔からわかることは、酸素濃度の高い空気を吸うためには、深呼吸した方が有利ということです。もちろん皆さんは無意識にそうなさっています。使い古しでも、まだ十分酸素は残っているとは言え、それでも死腔は小さいほど、言い換えれば、口から肺胞までの距離は短いほど有利ですよね。肺が胴体の一番上にある理由の一つもそれではないでしょうか。もちろん、気道は、吸った息に適度な温度と湿り気を与えるためにもあるので、無駄どころか、別の意味では役割を果たしていることをお忘れなきよう。

呼吸のコントロール

皆さんは子どもの頃、息を止める時間の長さを競ったことはありませんか。その時、どのくらいの時間我慢できたでしょう。ほとんどの人は一分くらいが限度ではなかったかと思います。学校の理科の授業で習った呼吸の意味を思い出してみましょう。私たちは、一息ごとに酸素を取り入れ、それで養分を燃焼してエネルギーを得、代わりに二酸化炭素を吐き出す、これのくり返しだと習いましたね。

息を止めたままでいると苦しくなりますね。だんだんといたたまれなくなり、胸の真ん中らへんがドクドクしてきます。なぜ苦しいのでしょうか。それは、本来なら息とともに吐き出されるはずの二酸化炭素がどんどん溜まり、その情報に基づいて脳は「何をしている、早く息をしないか！」との怒号を、ひっきりなしに、いよいよ強く出し続けるのですが、にもかかわらず、息をつけないままだからです。胸のあたりの悶絶《もんぜつ》するような感覚と、精神的にもいよいよ我慢の限界が近づいて切羽詰まってくる……がその正体です（手足や内臓が痛んだりはしないでしょ？）。

血中酸素濃度から言えば、まだ命に危険が迫るレベルよりうんと手前でこの苦しさが生じます。息を止めれば酸素が不足するのはもちろん問題ですが、それよりも二酸化炭素の蓄積の方が、はるかに生命にとって危機であるわけです。ご存じの方も多いと思いますが、人にとって環境空気中の二酸化炭素が増えることは、生命にとって極めて危険で、室内で超えてはならないとされる基準は、たったの〇・五％（もっとも厳しい基準の場所だと〇・一％）です。空気中に酸素が約二〇％もあるのとは大違いでしょう？

赤ちゃんが生まれてすぐ息を始めるのも、先述のコントロールによるものです。出産の際は、窮屈な産道、臍帯血流の低下などにより胎児の血中二酸化炭素はみるみる増えます。これが呼吸中枢を刺激して、まず息を大きく吸い込み、続いて「オギャアー」と声を出しながら息を吐き出すわけですね。それにしても、あの思いっきり大声で叫ぶような涕泣《ていきゅう》は、心が伸び伸びしているからでしょうか。悩みでがんじがらめになっている人には、ちょっと真似ができそうにないですねー。

私たちは生まれてこの方、何不自由なく息をしていますが、寝ている間や、失神したときでも息が止まらないのはなぜでしょうか？　これも教科書で習ったことと思いますが、中枢神経には、体内の無意識の働きを司る部分があり、呼吸についても血液の循環や体温調節・消化・分泌・代謝などと互いに連携をとりながら、命そのものを絶妙なレベルで維持しています。

その働きの有難みは、到底言葉では言い表せません。仮に皆さんが、体内のあらゆるデータの一つ一つを、体のその時々の状態に応じて感知できたとして、丸一日それらを意識しながら、最適レベルで管理せねばならないとすると、たまったものではありません。「この後すぐ走るから、今から息を早めよう」「全速力で走ったので吸った分よりも多くの酸素を使っちゃった（＝酸素負債）」「ゴールインしちゃったけど、あともう五分ほど余分にハアハアしておこう」というふうに……。運動時の換気は、安静時の十数倍必要ですが、たった一つのデータを見張っているだけで他に何もできなくなります。当然、寝る暇もありません（笑）。

それでは、その中枢はどのあたりにあるかというと、後頭部から首にかけての狭い範囲です。皆さん、後頭部を正中線（体を左右に分ける中心線）に沿って、上から下へと指でたどってみてください。首にさしかかる辺りで、ストンと軟らかく凹んでいるポイントがわかると思います。この骨の内側が呼吸中枢（延髄《えんずい》）で、そこから延びる自律神経が、呼吸器や呼吸筋とつながっているわけです。呼吸のコントロールは、ここの中枢が〝吸う〟と〝吐く〟とを交互に行えるよう、横隔膜や肋骨の間に張る筋肉を、交互に収縮させたり緩めたりしています。

仮に、片側の神経が麻痺しても、反対側の神経が筋肉群を動かすので呼吸困難には至らず、ほぼ通常の生活を続けられます。横隔膜は肺の〝床〟に位置しているのに、その神経は第四頸髄《けいずい》から出ます。それは横隔膜がもともとエラ（首の周り）を動かす筋肉であったことの名残です。

呼吸には、ほかにも体内を弱アルカリ性に保つ作用があります。延髄や大きな動脈にあるセンサーが、「血中の酸素が低下した」「二酸化炭素が上昇した」「体液が酸性へ傾いた」などと察知すると、欠伸《あくび》をはじめとした呼吸を促す命令が出て、正常化を図ります。

不思議なのは、心拍や体温など生命を維持するしくみが、どれも自律神経（無意識）のみの支配下にありながら、呼吸だけは自分の意志で調節することもできる〝二重支配〟となっていることです。脈拍や体温を自由に変えることは無理でも、息だけは先の息止めのお話でもおわかりのように、ペースも深さも自由に変えられますね。「ここは一つ深呼吸をして落ち着こう」というふうに。呼吸運動の八〇％を担う横隔膜を支配するのが横隔神経で、これには自律神経、運動神経、感覚神経がまとめられているからです。

そして、両方の支配が及ぶときには、意識による支配が優先されるのです。なぜでしょう？一言では言い尽くせませんが、人はとても複雑な生き方をしているため、さまざまな場面において、意志によって息をコントロールする必要があったからではないでしょうか。

呼吸は〝外呼吸〟と〝内呼吸〟に分けられます。これまでお話ししてきた肺でのガス交換を中心とするのが前者で、毛細血管を介して全身の細胞内に到達した後に行われるのが後者です。

当然、肺から末端の細胞までは酸素を運ぶ必要がありますし、細胞からは二酸化炭素を回収せねばなりませんが、酸素配達のすべてと、二酸化炭素回収の一部を担っている赤血球は、核を持たないにもかかわらず、まるで知能があるかのようです。廻り寿司でお寿司を酸素、細胞をお客さんとすれば、赤血球は機転の効く板前さんと赤いお皿を兼ねているようなものです。非常に小さいので、仁丹一粒ほどの体積に五〇〇万個も入ります。その赤血球の中にあるヘモグロビンが本当の酸素の運び屋です。

次に、内呼吸についてお話しします。改めて呼吸の役割とは何でしょうか？　一つは、取り入れた酸素を使って養分を燃焼させ、エネルギーを得ることですね。紙や木が燃えるのと同じです。違いは、得られたエネルギーの使い道が熱以外にもあることと、火を燃やす時のような高温にはならないことです。酸素を使った燃焼は、細胞内のミトコンドリアという部分で行われますが、神様はここでも巧みな工夫をしていて、ものを燃やす時に出る炎が、皆さんの体内では生じないようになっています。つまり、体温のレベルでも〝燃焼〟できるわけですが、その鍵を握っているのが酵素です。

酵素は「飲み食い出入り」でも出てきましたが、一つの代謝の流れでも、一段階ごとに種類が異なることが知られています。酵素は非常にデリケートで、温度条件が体温（三五～四〇℃）をはずれると作用がガクンと落ちるため、養分と酸素があっても燃焼が起きず、エネルギーを得られなくなります。言い換えると生きられなくなります。だれもが本能的に高熱や凍えを恐れる理由はこの辺にあるのかもしれません。

その他の働き

さて、得られたエネルギーは、熱や運動、さまざまな物質の生成・分解・リサイクルなどの働き（まとめて代謝と言います）、脳の働きや神経の刺激伝導、血液細胞の働きなどに使われます。都合の良いことに、体が必要とするエネルギーのほとんどはブドウ糖で事足りますので、その一部を変形させたグリコーゲンとして蓄えます。貯蔵場所は、筋肉と肝臓が主体です。ちょうど、電気エネルギーが、動力や熱や光や音、人工知能など何にでも役立つうえ、電池に貯《た》めておけばすぐに使えるのと似ていないでしょうか。エネルギーへの変換を急がないなら、脂肪の形がより好都合ですので、食べ過ぎて余った養分は……ご想像の通りです（笑）。

では、燃焼に必要なもう一方の主役である〝酸素〟もついでに貯めておけないものでしょうか。それが可能なら、海に潜る時でもアクアラングなんかいらないので便利ですよね。どうして生き物にはそのようなしくみがないのでしょうか？

それは、酸素を高濃度で、一カ所に集めておくことは大変危険だからです。さらに、酸素がミトコンドリアで代謝される際、どうしても一部が活性酸素に変わり、これが生活習慣病やガン、シミや老化など、厄介なことを引き起こすのです。運動選手が意外にも平均寿命に達しなかったりするのは、この活性酸素が運動量に比例して生じることが一因と言われます。もしも、酸素が体内の一カ所に集積されているとしたら、ちょっとした不手際で大惨事になります。以上のような心配から、大変面倒ながら、酸素は必要な分量を呼吸によって、休みなく取り入れることになったのでしょうね。

呼吸の役割は他にもあります。それは、血液のＰＨ（酸・アルカリ度）を一定に保つことです。血液はほぼ中性で、これが健康の保持と各器官の働きにとって必須なのです。中性に保つための方法としては二つあり、一つは呼吸で他方は尿による調整です。つまり、肺においては二酸化炭素の排出を促すか控えるか、腎臓においては尿を酸性・アルカリ性いずれに傾けるか（体内はその反対側に傾きます）です。調整のスピードは、呼吸なら迅速ですが、腎臓ではゆっくりとです。呼吸のペースと深さも、一日中さまざまな状況を、そのつどモニタリングしつつ〝自動操縦〟されているわけです。

呼吸の「呼」という字は「よ（ぶ）」と読みますね。神様が、私たちに声という手段を用意してくださらなかったら、生活する上で非常な不便を感じていたことでしょう。お互いが見えているだけでは、コミュニケーションするのに視覚に頼る方法しかとれないのですから。私たちが背中合わせで対話するのは日常茶飯事、至極簡単なことなのに、それすら到底無理となります。

声には音色以外のその人らしさが多々表れますので、相手が見えてなくても、ほんのちょっと聞いただけでその主がわかりますね。障害物で遮《さえぎ》られていようが、暗闇の中にいようが、その人が誰だかちゃんとわかるのですから便利なものです。また、声が届かないくらい離れていても、通信手段さえあれば距離は問題ではなくなります。顔を見ていなくても、声だけで「あの人に間違いない」と信じて商談を進められるのは、よほど個人ごとに特徴があるからですね。たとえそばにいても視覚が役に立たない、あるいは極端に遠方の場合、声は実に有難いものです。

声の個人差は高低と音色ですね(ボリュームも? 笑)。声帯で生じた音が、そこから唇まで(声道)の複雑な形をした空間で共振してはじめて人らしい声になります。一般的に、身長が高く、顎や首の長い人ほど、そして声帯が長い人ほど低音になります。女性の声が高いこと、子どもの声が男女とも高いこと、男性は第二次性徴で急に低い声に変わることなどはよく知られていますね。女性も壮年期を過ぎると、やや低い声になります(女性ホルモンの減少で、声帯の形と振動数が変わるためです)。先に出てきた、鼻腔と副鼻腔(頭の骨だけにある空洞)には、声を響かせる働きもあります。楽器も、弦楽器、管楽器、打楽器など種類を問わず空洞を持たせていますね。十人十色、音色も十色、さらに声色《こわいろ》には意図や心情まで込められるというわけです。

最後は笑いです。天理教と聞けば、だれでも笑顔の集団を思い浮かべます。天理教と笑い声、この両者は切っても切れないですね。実は笑い声を出すとき、呼吸器は大活躍をしています。大きな息を断続的に吐き出すと同時に、大きな声を出すことは、寿命の延びとも大いに関係します。呼吸器が鍛えられると同時に、消化器の動きも促し、神経系、免疫系、精神にも非常にプラスの作用があるからです。

その効用は、病気の予防や治療など数え切れず、不治の病ですらも完治した報告があります。笑いは、それだけでも一つの学問が成り立つほど無限の効用があります。声の中でも、人類だけに許された、最も素晴らしい神様からの贈り物ではないでしょうか。

言葉というツール

◇仙田　空気の通り道である〝気道〟は、三宅氏が解説してくださったように、酸素と二酸化炭素のガス交換という観点からいえば役に立っているとはいえません。実際、安静時に私たちが一呼吸で吸い込む空気の三割は、死腔（有難くない呼び名）といわれる管の中に滞ることになります。水中が住まいの魚のように、口の隣にエラ（呼吸器官）があったほうがよほど効率はいいと思うのですが、陸に上がった哺乳類はどうしてこのような無駄な進化をしたのでしょう。

生物学の常識では、自然界での進化の過程は、環境その他の変化に応じて試行錯誤をするように変化していくので、人間から見れば進化と映ることもあれば、退化と思える変化もあるのだそうです。しかし、それは本当に無駄な変化だったのでしょうか。

お道の教えでは、親神様のなさることに千に一つも無駄なことはありません。この死腔というものも、肺でのガス交換という観点では役に立っていないようですが、この気道のある場所に〝声帯〟と呼ばれる靭帯が出現したお陰で、私たちは陽気ぐらしをする上で、なくてはならない「言葉」という道具を獲得できたのです。一見無駄に見えるものも、ものの見方、考え方の枠組みを少しだけ変えてみると、違った価値が見えてくることがあります。

心理学の分野では、心理カウンセリングの技法の一つに『リフレーミング（Reframing）』というエクササイズがあります。これは、出来事の枠組み（フレーム）を変えることで、出来事に別の視点を持たせるものです。

たとえば、人がある地点に向けて移動するとします。ちょうど中間点に差しかかった時、「まだ半分しか移動していない」というフレームと、「もう半分も移動した」というフレームでは物事の感じ方が違ってきます。「まだ半分しか移動していない」というフレームでは、不満や不足を感じるでしょうが、「もう半分も移動した」というフレームでは、満足や喜びを感じることができます。このように、同じ出来事でも〝心の建て付け〟を替えるだけで、物事の感じ方を変えることができます。出来事の枠組みを替えることで、人生の選択の幅を広げ、どのような出来事にも必ずプラスの意味があることを教えてくれるところがこの技法の利点です。

ところで、教典の「第八章　道すがら」の冒頭に、このように記されています。

親神のてびきによって信仰に入り、教の理を聴きわけて、かしものの理もよく胸に治り、心のほこりも次第にぬぐわれ、いんねんの悟りもついたなら、ものの観方が変ってくる。
見えるまま、聞えるままの世界に変りはなくとも、心に映る世界が変り、今まで苦しみの世と思われたのが、ひとえに、楽しみの世と悟られて来る。己が心が明るければ、世上も明るいのであって、まことに、「こゝろすみきれごくらくや」と教えられている所以である。

リフレーミングという心理カウンセリングの技法が開発されるはるか以前から、教祖は、このように〝心の立て替え〟の重要性をお諭しくださっていました。私たちは持って生まれた性格や、生い立ちの中でのさまざまな経験から、独自の心の枠組みを持つことになりますが、人間関係がうまくいかなくなった時など、その枠組みをちょっと替えてみることで、目の前の難局を突破できる場合があるということです。そして、その心の向きを変える上で非常に重要な役割を果たしているのが〝言葉〟だと言えないでしょうか。ただ、「言葉一つで、人を生かすこともできれば殺すこともできる」という格言があるように、その使い方には注意が必要です。

言葉にまつわる逸話

『逸話篇』の三二に「女房の口一つ」というお話があります。

十代の頃から教祖の炊事のお手伝いをさせていただいた娘が、ある時教祖から、

「やすさんえ、どんな男でも、女房の口次第やで。人から、阿呆やと、言われるような男でも、家にかえって、女房が、貴方おかえりなさい。と、丁寧に扱えば、世間の人も、わし等は、阿呆と言うけれども、女房が、ああやって、丁寧に扱っているところを見ると、あら偉いのやなあ、と言うやろう。亭主の偉くなるのも、阿呆になるのも、女房の口一つやで」

とのお言葉を掛けていただきました。

やすという娘にとって近い将来必要になるであろう、夫婦が円満に納まる〝秘訣〟をお仕込みいただいたわけです。その際、夫が有能であるか否かは、教祖から見れば大した問題ではないようです。それよりも、まだまだ未熟な新婚夫婦が、お互いに相手をほめ合い、尊敬し合って、丁寧な態度と言葉づかいで暮らすことが重要なのです。

もう一つ、一三七には「言葉一つ」という逸話が残されています。教祖が桝井伊三郎という先人に「内で良くて外で悪い人もあり、内で悪く外で良い人もあるが、腹を立てる、気侭癇癪《きままかんしゃく》は悪い。言葉一つが肝心。吐く息引く息一つの加減で内々治まる」とお諭しくださり、続いて、

「伊三郎さん、あんたは、外ではなかなかやさしい人付き合いの良い人であるが、我が家にかえって、女房の顔を見てガミガミ腹を立てて叱ることは、これは一番いかんことやで。それだけは、今後決してせんように」

と仰せになりました。伊三郎さんは、女房が告口《つげぐち》をしたのかとも思いましたが、神様は見抜き見通しだと思い返して、「今後は一切腹を立てません」と心を定めると、女房に何を言われても一寸も腹が立たないようになったというお話です。

この逸話について、後に桝井伊三郎氏の四男・孝四郎氏が亡父から語り継がれた話として、次のように語っています(『天理教校論叢』第四四号参照)。

「私の申上げたいのは、教祖様の仰言る事そのまゝ丸呑みして通らせて頂くといふ所に救かる種がある、そこにお道の有難味があり、お道の結構さがあるといふことである。それからの父は心が変つた。家の内が変つたのか、腹立ちを忘れた人間になられた。子供心から父の叱つたのを私は知らない」

この逸話の要点は、言葉づかいもさることながら、たすかる種は「教祖の仰言る事そのまゝ丸呑みして通らせて頂く」というところにあって、伊三郎氏は、「腹の立つのはその理が外にあるのでない。我が心に立つ理がある事をさとらなければはならん」と子孫に語り継いだのです。

その子孫(六代目)の桝井功能氏は、前著で次のように記しています。

このお言葉をいただいた明治十六年当時、伊三郎は、数えの三十四歳である。元治元年に、数えの十五歳で初めておぢばへお参りして以来、母とともに熱心に信仰にはげみ、後には、「教理には実に明るく深く、後に本席の『おさしづ』をいただく時代になって、その思惑を悟り、その事情解決をした点では、何といっても桝井伊三郎が一番であったということであります」とまでいわれるようになった信仰者である。そのように教理に明るく外に出れば評判のよい人であっても、夫婦や親子、兄弟姉妹のあいだにおいて、心が治まらず、腹を立てて怒るようなことでは真実に教えを聞き分けたとはいえないと言われるのである。

つまり、信仰の世界は世間の評価がどんなに良くても、家庭内が治まらなかったり、我が心が治まらなければ何にもならないという戒めであったのであり、教祖を通して教えられる親神様の教えを〝丸々実践する〟ことの大切さをお諭しくださった逸話だとも言えます。

心理カウンセリングにおけるリフレーミングでは、「ものの見方を変える」ことに焦点を当てますが、この逸話からはもう一歩進んで、自己の心を立て替えると同時に、行いも親神様の教えに基づいて変えていくことの大切さをご指摘くださっているようです。

『逸話篇』を読むだけでは、その背景や文脈の深みが理解できなくても、その逸話の真意が当事者の家族に代々と伝わっていることで、後世の信仰者は、教祖の教えをより正しく、より深く了解することができます。

声は肥

さて、天理教の教えに「声は肥」というお言葉があります。声を掛ける、それによって人が育つということです。『おさしづ』には、「言葉一つがよふぼくの力」（明治二十八年十月七日）というお言葉もあります。このように、天理教の信仰者にとって、言葉の使い方はとても大切なもので、相手を陽気にさせる言葉づかいを心がけることが求められます。

教祖はある時、病たすけのための四種類のおさづけを、四人の方にそれぞれお渡しになり、続けて、「五ッいつものはなしかた、六ッむごいことばをださぬよふ、七ッなんでもたすけやい、……」と教えてくださいました（『稿本天理教教祖伝』125頁）。人をたすけるためには、普段からの言葉づかいに気をつけること、むごい言葉は慎むこと、お互いがたすけ合うことの大切さを常に頭に置いておくこと等、言葉づかいの要点をお諭しになっておられます。

おさづけの理をお渡しになるまさにその時に、教祖がこのように諭されているということは、私たちおたすけをさせていただく者の心構えとして、常日頃からの言葉づかいに、十分気をつけて暮らすことの大切さをお教えいただいたものと考えられます。

ところで、『おさしづ』に、

たすけ一条の理は渡してある。話一条は諭しある。

（明治二十三年六月十七日）

というものがあります。ここでは、「たすけ一条の理」と「話一条」とを一対にして諭されています。この『おさしづ』は、別席制度が現行のものに近い形まで整ってきた頃のものであることから、「たすけ一条の理」は「さづけの理」であり、「話一条」とはおさづけを取次ぐ際の「お諭し」のことだと推察できます。するとこのお言葉は、「さづけの理はだんだんと渡してあるし、その際に取次ぐお話の内容についても既に諭してある」という意味に解釈できます。そしてこの『おさしづ』の後段で、「かりもの〳〵と言うては居《い》れど、かりものの理が分からん」と諭されていることから、おさづけを取次ぐ際の〝話一条〟の主題の一つは、かりものの理のことであり、その理がしっかりと相手に伝わるように取次ぐことだとお示しくださっている『おさしづ』のように悟れます。

　さて、ようぼくの皆さんはおさづけの理を拝戴した後、〝仮席〟という場で、おさづけ取次ぎの心得について詳しく聞かせていただいたことと思いますが、その要点の一つとして、「お話一条」という次のようなものがあります。

　まず親神様の御教えを伝え、親神様の日々のご守護についてお話しします。その場合、議論をしたり、説き伏せたりするような態度ではなく、相手を優しくいたわりながら、また、どうでもたすかってもらいたいという真実の心で、お話をさせていただきましょう。

おさづけによって相手にたすかっていただくためには、おさづけを取次ぐだけでは十分でなく、親神様の教えを伝え、親神様の日々のご守護（本書の内容がまさにそれに当たります）について、相手に納得していただくことが肝心です。そのお話が、相手の心の成長を後押しするもの、つまり、「声は肥」になるということでしょうか。

そこで、おさづけを取次ぐときは、「親神様の身の内十全の守護」の有難さを、自分で実感している感謝の気持ちを添えて、お話しさせていただく必要があるのです。別席のお話の締めくくりにも、

「口では人の悪しきは言わんよう。日々誠の理をもって話し合い、身の行いを正しくして、人から見ても『ほんに誠の人じゃ』と言われるよう、将来お通りくださいませ」

とありますように、時々自らの言葉づかいをふり返える時間を持ちたいものです。

聞こえていたNさんのこと

今から四十年ほど前、教祖百年祭の三年千日活動の二年目でしたが、私は撫養大教会の布教の家に入り、初めて布教に専念する機会を与えていただきました。来る日も来る日も戸別訪問をしましたが、一向に話を聞いてくださる方は現れませんでした。そして数カ月経ったある寒い冬の

日、Nさんとの出会いがありました。

Nさんは四十代の女性で、二年前に交通事故で頭を強打し、それ以来一度も意識が戻らないまま長期療養型の病院に入院していることを、遠縁に当たる付き添いの方から聞かせていただきました。そしてその方に、私が天理教の布教師であることを伝えて、「何も見返りを求めないので、意識が戻るようにお祈りさせてください」と頼み込み、おさづけを取次ぐことを許してもらいました。その頃の私は、相変わらず誰からも話を聞いていただけない日々が続いていましたので、ここに来れば、相手は意識がないので神様のお話を存分に取次ぐことができました。そして、「体は神様からの借り物だから故障したら自分では治せない、いくら体を動かそうとしてもピクリとも動かない、自分のものではないからです。でも、そんな時にもちゃんと心臓が動き、呼吸ができ、点滴からの水分や養分をちゃんと吸収して今日も生きている。まずは、そのことに感謝して、貸し主である神様のお働きにすがりましょう」と、来る日も来る日も、かりものの有難さを、しどろもどろになりながら取次ぎました。

そんなある日、病室に来ておられたNさんのご主人からこんな宣告を受けました。

「今までいろんな宗教の人がやって来たが、妻の意識は一度も戻らず今日の日まで来た。もう宗教に期待しては失望する経験をしたくないので、今後二度と来ないでくれ。ああ、こんなことならあの事故の時、いっそ妻が死んでいた方がどれだけ気が楽だっただろう……」と。

その後、私は大教会のご用でおぢばに行くことになり、一カ月後に再び病院に向かうと、顔見知りになった看護師さんから、Nさんがあれから不思議なことに意識が戻って、今はリハビリ専門の病院に転院したと聞かされました。私は天にも昇るような気分で、早速その病院に向かいました。病院に入ると、すぐにリハビリをしているNさんを見かけたのですが、考えてみればおたすけに通っている間、Nさんは意識がなかったので私を知るはずがありません。どうしたものかと思いながら思い切って「Nさん！」と声を掛けてみたら、「あ、その声は天理教の人？」と答えるではありませんか。

そして、休憩室で話を聞かせてもらうと、この二年間、暗闇の中で意識があるのかないのかよくわからない時間が続いたけれど、時折、目の前が少し明るくなって、遠くに声だけが聞こえるようになったのだそうです。そして、Nさんはこんなことを話してくれました。

「仙田さん、あなたはいつも同じ話をしてくれましたね。……体は神様からの借り物だから故障したら自分では治せない……でも大丈夫、貸し主である神様のお働きにすがりましょう。きっと体は動くようになりますよって。嬉しかったわ……でも、主人の『あの交通事故でいっそ死んでくれた方が良かった』との言葉はショックでした……」

Nさんは、すべて聞こえていたのです。おたすけに通っている間、まったく意識がないように見えていたのに、時折、聴覚だけは戻っていたということになります。それ以来私は、意識がないと思われる病人さんにも、意識があるものとして語りかけることにしています。また、ご家族にも、間違っても病人さんの前で葬儀の話はしないでおきましょうとお伝えしています。

おさづけに涙する教会長

また、こんな経験もしました。二〇〇〇年二月、部内の教会長が脳溢血を患い、総合病院で数カ月間、さまざまな治療をしましたが快方に向かうことはなく、長期療養型の施設に転院しての闘病生活となりました。しかし、遂に一度も意識が戻ることなく、年が明けて二十一世紀を迎えた一月三日、眠るように静かに出直しました。この間、私は足繁くおさづけの取次ぎに足を運び、意識が戻ればすぐに教務に復帰できるように、現在のお道の動き、大教会の動き、そして目前に創立百十周年を控えた上級・美拝分教会の動きなどを伝えさせていただきました。

その病室の担当の看護師さんは、私が毎回話しかけているのを見ながら、「意識がないので患者さんにはたぶん聞こえていないと思うけど、声を掛けるのは大事よね」とおっしゃいました。しかし不思議なことに、おさづけを取次ぐと三回に一回くらいの割合で、部内の会長さんの目から一筋の涙が流れるようになりました。それを見てその看護師さんは、「あら、まるで意識があるようね。医学的には意識があるとは認められないけど、宗教を長く専門にやっている人には祈りが伝わるのでしょうかね」と、おっしゃるようになりました。

日進月歩する医療機器によって、人体に関するさまざまな測定が可能になっていますが、かりものの体に意識があるかどうかまではまだよくわからないようです。だからこそ私は、おさづけを取次ぐ際の話一条は、本人に意識があるものとしてお取次ぎしています。

第七章　たいしょく天のみこと

たいしょく天のみこと　出産の時、親と子の胎縁を切り、出直の時、息を引きとる世話、世界では切ること一切の守護の理。

◇**仙田**　たいしょく天のみことのお働きである「出産の時、親と子の胎縁を切り、出直の時、息を引きとる世話」は、人体の特定の器官についてのものではありません。そしてここで初めて「世話」という語で親神様のお働きを表しています。

世話という語を『日本国語大辞典』で引いてみると、「めんどうをみること。手数をかけて苦労すること。人のために尽力すること。また、それによるやっかい、手数」という意味が並んでいました。この言葉の意味通り、体の中ではあらゆる器官で、非常に多くの切る働きが絶妙なタイミングで発動して生命が維持されていることがわかります。それはまったく人間わざではない、やっかいで手数のかかる作業だと言えるでしょう。

出産の時、お母さんと赤ちゃんが結ばれているへその緒が切られて、赤ちゃんは独立した個人としてこの世に誕生します。その意味で〝切る〟という言葉は、生命の誕生の瞬間を象徴するにふさわしい言葉と言えます。しかしそのはるか以前、お母さんのお腹に命が宿ったその瞬間から出産までの間にも、切るという言葉にたとえられるさまざまな働きが始まっています。人体では、一体どのようなことが起こっているのでしょう。

また、切るという働きによって、私たちの体を守る「免疫機能」というしくみが備わっています。それは一体どういう機能なのでしょう。

そして、天理教では人が死ぬことを「出直し」と言います。世間では馴染みのないこの言葉には、いったいどんな意味があるのでしょう。

へその緒・胎盤の話

◆**三宅**　最初に〝へその緒〟についてのお話です。へその緒とくれば〝切る〟が決まり文句ですね。へその緒の前に、へその緒と一繋がりである胎盤についてもお話しします。

胎盤は、へその緒を切った後で剥がれ、捨てられてしまう（これも切るの一種ですね）ものの、妊娠中の十カ月は出産終了間際まで大活躍しています。お母さんは胎児の命を維持し、成長させるのに必要な役割のほとんどを肩代わりしていますが、それを胎児から引き受け、胎児に渡す窓口が胎盤なのです。胎盤は家電とコンセントとをつなぐプラグにたとえられます。家電は電源につながっていないとまったく作動しないように、赤ちゃんも胎盤がなければ生きていけません。それが出産を境に途切れるのですから、赤ちゃんにとっては一大事です。その大変さをおわかりいただくために、へその緒を切る前と切った後では、何がどう変わるのかについてお話しします。

まず胎盤です（図7―1）。その形はどら焼きに似ています。二枚の皮と、その間に挟まれた餡《あん》に相当する空間からなります。大きさは丁度女性が手を広げたくらいで、重さは出産時で赤ちゃんの六分の一ほどです。皮の役割は、餡を漏らさないことと子宮への吸着ですが、さて餡の部分では何が起きているのでしょうか？　ここでは、親子間で血液を介した物質の交換をしているのです。赤ちゃんは、すべてをお母さんに頼っているので、必要なものを受け取る一方、不要あるいは有害なものは持ち去ってもらいます。不思議なのは、親子の血液は直接触れ合わないのにもかかわらず、赤ちゃんの血液がたえず真新しくなることです。

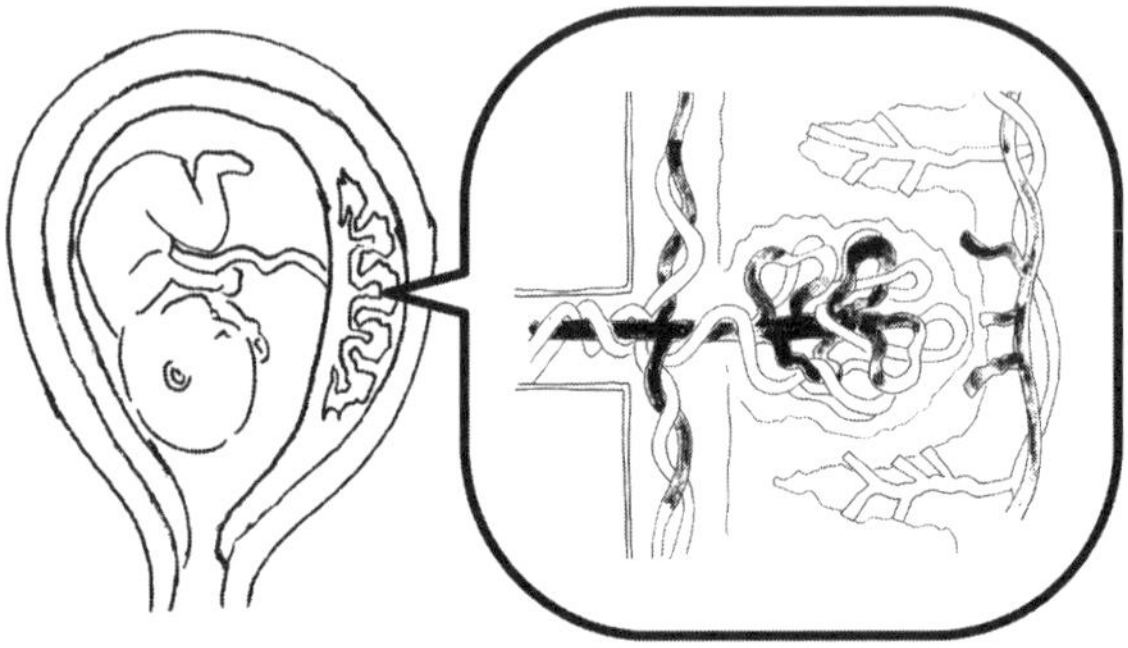

胎児と胎盤はへその緒でつながれ、無数の細い血管（左側から胎盤に入る絨毛）を通して、母胎から酸素や養分等を受け取っている。

▨ 7-1 子宮内の胎児と胎盤の拡大図

まず、母親からの血液は、無数の細い血管から餡に相当する空間へ、拍動《はくどう》に合わせて勢いよく噴き出します。狭い空間ながらお母さんはその中へ出血しているので、そこは言わば〝血の海〟です。が、どら焼きの「縁《ふち》」に相当する部分は、周囲がしっかりとくっついているので一滴も漏れません、ご安心を。

次に、赤ちゃんからの血液ですが、あくまで血管のままで母の血の海の中へ入り込んでいるので出血はしません。へその緒の中を通っている血管には動脈と静脈とがあり、胎盤ではどちらも毛細血管（絨毛《じゅうもう》）となって末端同士がつながっています（どうりで出血なし）。顕微鏡で拡大して見ると、まるで草の根を水たまりに浸しているかのようです。この毛細血管へお母さんからの酸素や養分をたっぷり含んだ血液が、ジェット流のように噴きつけるので、血管の壁を通過してどんどん赤ちゃん側の血液に取り込まれます。もちろん、持ち去ってもらうものなどは別の方式で逆方向へ移行します。

こうして、必要な成分を遠慮なく受け取る一方で、二酸化炭素や老廃物をゴミとして引き取ってもらっているのです。無数の毛細血管の構造ですが、この交換を効率よく行うため、毛細血管を広げた場合の表面積は、合計で一〇～一四㎡（＝六～八畳）にもなります。

赤ちゃんが、へその緒と胎盤を通じて、お母さんにたすけてもらっている働きはとてもたくさんあって、臓器で表せば、肺、消化管、肝臓、腎臓など、心臓以外のほとんどと言っても過言ではありません。その他に、意外なものとして免疫機能があります。酸素と二酸化炭素の交換、水と電解質、各種の栄養素や必要な因子は思いつきやすいのですが、忘れてならないのが抗体です。さまざまな微生物による感染症から、命を守るために必要な抗体なのに、生後一年以内の赤ちゃんの免疫力は特に弱く、そのままだと抗体を充分に作れないうちに病原体に負けてしまうのです。ところが母体の血液には、その女性が生まれて以降に出会った、微生物や異物に対抗できる抗体が備わっているため、それをいただいて（＝移行抗体）感染から守ってもらえるのです。

この抗体は、生後およそ半年持つのですが、その間もその後も、ご存じの通り母乳を通じて、形は異なるものの同じ効果を持つ抗体を受け取るので一層安心ですね。これらの抗体の存続期間と乳児自身の免疫力を考え、予防接種を始める時期は、ほとんどが一歳以降となっているのです。

皆さん、ここで驚くのはまだ早い。実は、胎盤にはこの他にも驚くべきさまざまな役割があることがわかっています。

胎盤のさまざまな働き

その一つ目は、赤ちゃんがお母さんから排除されないための免疫調整です。赤ちゃんは、両親から一つずつもらった生殖細胞が元になっています。お母さんにしてみれば、赤ちゃんの半分は異物（お父さんという元は他人）です。それが、ウイルスどころではない超特大サイズになるというのに、免疫的にまったく排除されないというのは考えてみれば不思議です。この赤ちゃんに対してだけは免疫の作用が及ばないようにする役割を担っているのが、胎盤ではないかとされているのです。なお、免疫については後ほど詳しくご説明します。

二つ目は、妊娠の維持と出産のタイミングを、ホルモンを分泌することによって調節していることです。もっともこれは、胎盤だけが担っているわけではありません。

三つ目は有害物質の多くを通さないことです。お母さんは食べ物に限らず、本来であれば、体に良くないものを実にたくさん取り入れています。食品に含まれる農薬、抗生物質、ホルモン、添加物だけではありません。お風呂や台所、化粧室で使うものにも、本来取り入れるべきでないものが数え切れないくらい含まれています。また妊婦さんによっては、煙草やアルコールが止められなかったり、薬を飲んでいる人もいるでしょう。これらすべてがシャットアウトできればよかったのですが、残念ながら煙草に含まれるニコチン、アルコール、薬物の一部は、胎盤をまんまとすり抜け、赤ちゃんの体に入っていきます。

余談ですが、アルコールは流産や未熟児の原因となるだけでなく、〝胎児性アルコール症候群〟をもたらすことがあります。特に脳が障害を受け、発達障害や行動障害、学習障害などが現れます。少量でも発生することがあるそうです。二〇〇〇年の乳幼児身体発育調査によると、二十代の女性の七四・八％が飲酒をし、妊婦でも一八・一％が飲酒していて、一・四％は週三回以上飲酒していたそうです。

四つ目は止血作用です。胎盤は赤ちゃんが生まれた後で剥《は》がれますので、本来ならば大出血が避けられないところですが、胎盤自体に血液を凝固させる物質が含まれているため、剥がれる際に、きちんと止血して後をキレイにしていくのです。皆さんは、「胎盤がくっついていたお母さんの子宮の方はどうなるの？」と気になる方もおられるでしょう。赤ちゃんが入っている子宮は、風船を膨らませた時みたいに壁がどんどん薄くなっていくのでは……ましてや、いきなり胎盤を剥がされる時には……と心配になりますがそれは杞憂《きゆう》です。正常なら、出産前でも厚さ八㎜以上あるそうです。そして、出産後は早い段階から、ぐんぐん収縮することで無駄な出血を止めるのです。一カ月半から二カ月で元のサイズに戻りますが、その大きさ・形は、鶏の卵（M～Sサイズ）を、厚みだけ二㎝くらいに薄べったくした感じです。卵型のパフと言った方がわかりやすいでしょうか。

五つ目は、詳しいメカニズムはまだ研究段階ながら、親子の情報交換に一役買っているらしいことです。お腹の中にいる時から、母と子は連絡しあっているというのですから、その後もずっと続く母と子の強固な結びつきには、父親は一生かなわないはずですね（笑）。

こうした、いくつもの役割を果たした胎盤とへその緒ですが、出産時に赤ちゃんとの関係は断ち切られ、その役目を肩代わりする諸々の臓器へとバトンタッチされます。胎盤（プラセンタ）の成分は美容目的で商品化されていますが、昔から「助産師（昔風に言えば産婆）さんの手は美しい」は定説ですので、何か関係があるのかもしれません。

出産前後の血のめぐり

ここからは、出産前後のダイナミックな大変動について見ていきましょう。

まずは、血のめぐりと息に分けてお話しします。出産を境に赤ちゃんはこれらがガラッと変わります。それまでのお母さんに頼り切った関係を切り、少なくとも形の上ではどこにもつながらず、独立した個として生きていくからです。

血液の循環については、出産の前と後とではどう違うのでしょうか。へその緒から始まる胎児の血管を見てみましょう。

胎盤で、酸素と栄養素などを受け取り、不要なものを取り除かれたキレイな血液は、太い一本の静脈として胎児の中に入ります（図7―2）。そして大部分は肝臓をバイパスして上に流れ、胎児の下半身から流れてきた(やや汚れた)大静脈と混合して右心房に入ります。本来ですとこの後、右心室を経由して肺へと流れ、そこで酸素を受け取って二酸化炭素を捨てて、再び心臓へ戻るべきところ、まだ肺は作動していないのでここもほぼパスし、大部分は左右の心房の間に開いている穴を抜けて、左心房↓左心室↓大動脈をめぐって全身に供給されます。この時点で、心房中隔に穴が開いていること自体、大変うまくできていますよね。しかも生まれてからわずか二、三日で、穴は閉じて左右の心房を隔てるというのですから、なお驚きです。

　下半身からの使用済み静脈血と混ざったとはいえ、これから全身を巡るまだまだキレイな血液ですから、大動脈からいち早く頭部（言うまでもなく一番大切で、ブドウ糖と酸素を大量に消費します）へ枝分かれして供給されます。このために、胎児の頭部は、体の成長より先に大きく育

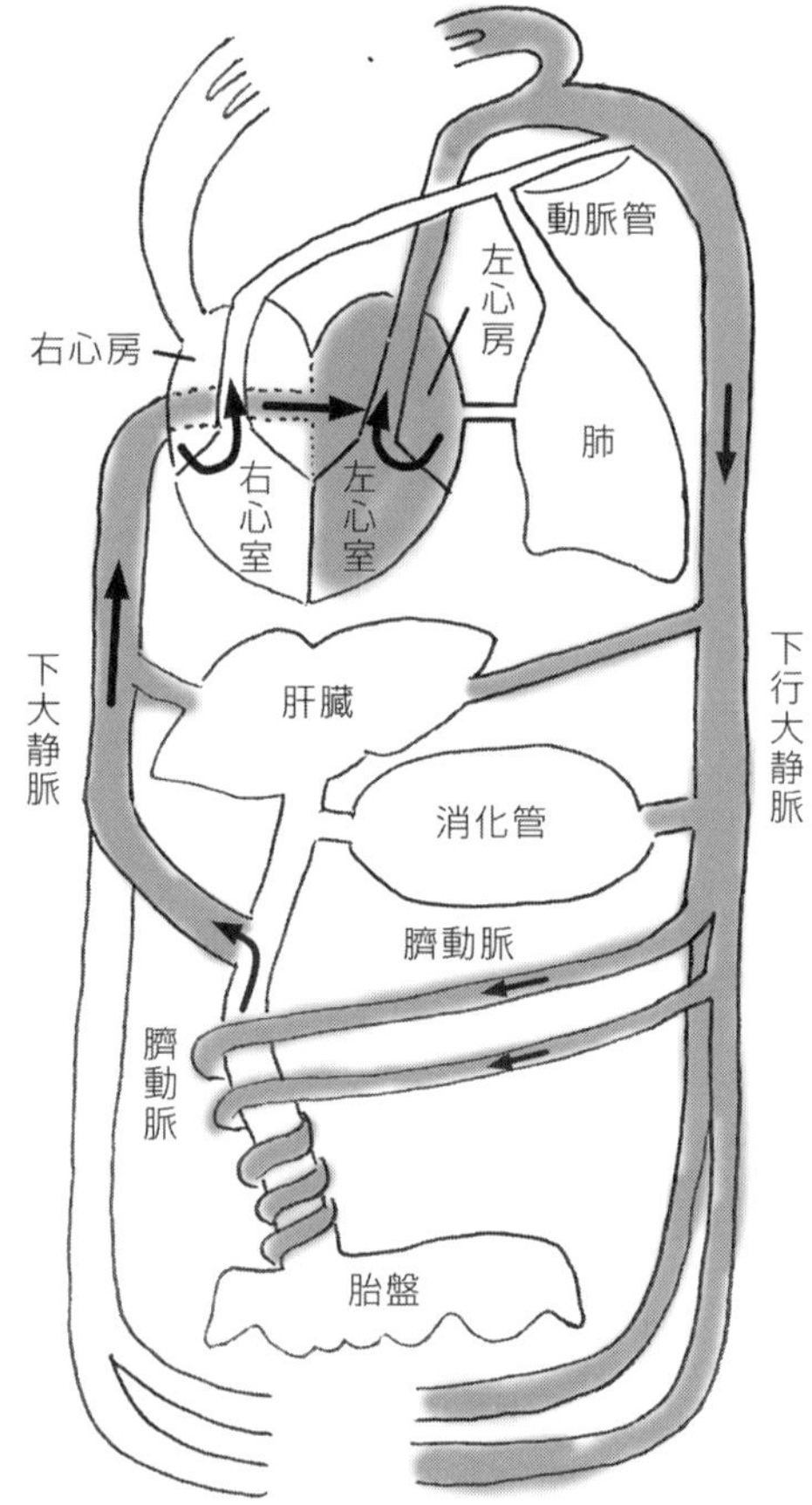

▧ 7-2 胎児の血液循環

つのです（生後は体格に比べて相対的に小さくなっていきます）。

さらに神様は工夫を凝らしています。

大動脈から頭部への枝を出したそのすぐ下流のポイントへ、上半身から戻った静脈血が右心室から肺を経由しないまま合流するのですが、そのための近道をする短い血管（動脈管）がちゃんと用意されているのです。ここから先は、胸よりも下の半身が供給先ですから、静脈血が多めに混じっていてもさほど問題がないからでしょうか、頭部に酸素も栄養も豊富な血液が優先的に届けられるのと違って冷遇されていますよね（苦笑）。この動脈管も、生まれてからは不要となりますので、出生直後に自ら収縮し、それから一～三カ月で完全に閉鎖します。

では、大動脈に混じった上・下半身からの汚れた血液は、どうやって浄化する場である胎盤に到達するのでしょうか。それは、大動脈の枝先でもある赤ちゃんの下腹部にある血管から、さらに左右一本ずつ枝が伸び、へその緒の血管（二本の動脈）となることで可能となります。一方、最初に出てきた、胎盤から赤ちゃんのおへそに入って間もなく、肝臓をかすめて心臓に向かう血管（一本の静脈）ですが、これも生まれてからは不要になりますので、なんと、動脈・静脈とも出生に合わせて閉じ、やがて紐になっちゃうというのですから舌を巻きます。

各臓器や器官の多くが、母体という生育環境に、ほぼ全面的に頼っていた状態から、出産で突然〝切る〟となり、その後は一時的に背中を押される助走期間のあるものも含め、間もなく自走

（＝引き出し）を始めるのだと理解できます。

さて、ここまでお読みになった人は、おへそをよーく見てください。ゴマと言われる茶色い点々は、いくつ残っているでしょう？　そうです、三つありますね！　へその緒をちょん切った時の動脈二本と静脈一本、計三本の断面の名残が今もあるというわけです。ちゃんと洗ってなくて見えづらい人は、これから毎日、遠い昔に感謝しながら大切にお手入れしましょう（笑）。おへそをきれいにする人は、見違えるくらい美人になるそうですよ。これは三十五年ほど前、解剖学の参考書のコラムに書かれてありましたから真実なのでしょう（笑）。

出産に先だち、〝破水〟といって羊水が排出されます。羊水は単に赤ちゃんが泳ぐための液体という以外に、さまざまに役立っています。

一つは、赤ちゃんが羊水を吸ったり、吐き出したりしていることです。これにより、肺が大きく丈夫になるそうです。羊水を飲んでもいます。これは、誕生後の胃腸の働きの準備と言えるでしょう。ついでながら、子宮の中でも指をしゃぶっているそうです。これはお乳を吸う稽古をしていると言えますね。お腹の大きな人は狭い場所は通りにくいし、何かとモノに当たりやすいのではと心配ですが、羊水はお腹の外からの衝撃を和らげてくれます。大切な脳が脊髄液の中に浸かっているのと同じく、胎児も充分な量の液体に囲まれているお陰で、ほぼ問題なく過ごせるのです。

さらに、赤ちゃんはよくお母さんのお腹を蹴ると言いますね。私たちのいる空気中と違って、水の中は抵抗が大きいだけに（水の中に両手を入れて、すばやく拍手してみてください。また腰までの深さがあるプールの中で走ってみてください）、その中で一生懸命手足を動かすことで、筋肉のみならず骨も丈夫になるのでしょう。神様は、赤ちゃんが思い切り運動できるよう、羊水を満たす子宮は、サイズや形に配慮して設計なさっています。

出産のドラマ

出産は、喜びに満ちた輝かしい出来事である一方、かつては母子ともに生死を分けるほどの危うい試練でした。ここからは、出産の開始から完了までに起きるドラマについて、再びＮＨＫの『驚異の小宇宙　人体』から引用しつつお話しします。

赤ちゃんが生まれ出るのは、単に、お母さんがウンウンうなってお腹に圧力をかけているからでしょうか？　赤ちゃんはどうしてひとりでに息をはじめるのでしょうか？　今では医療技術の進歩で少なくなりましたが、昔は産声を上げるところまで行きつけなかった命がずいぶんありました。どうしてでしょうか？　実は出産とは、赤ちゃんにとって長いこと待ちに待ったデビュー

① 分娩初期 児頭は

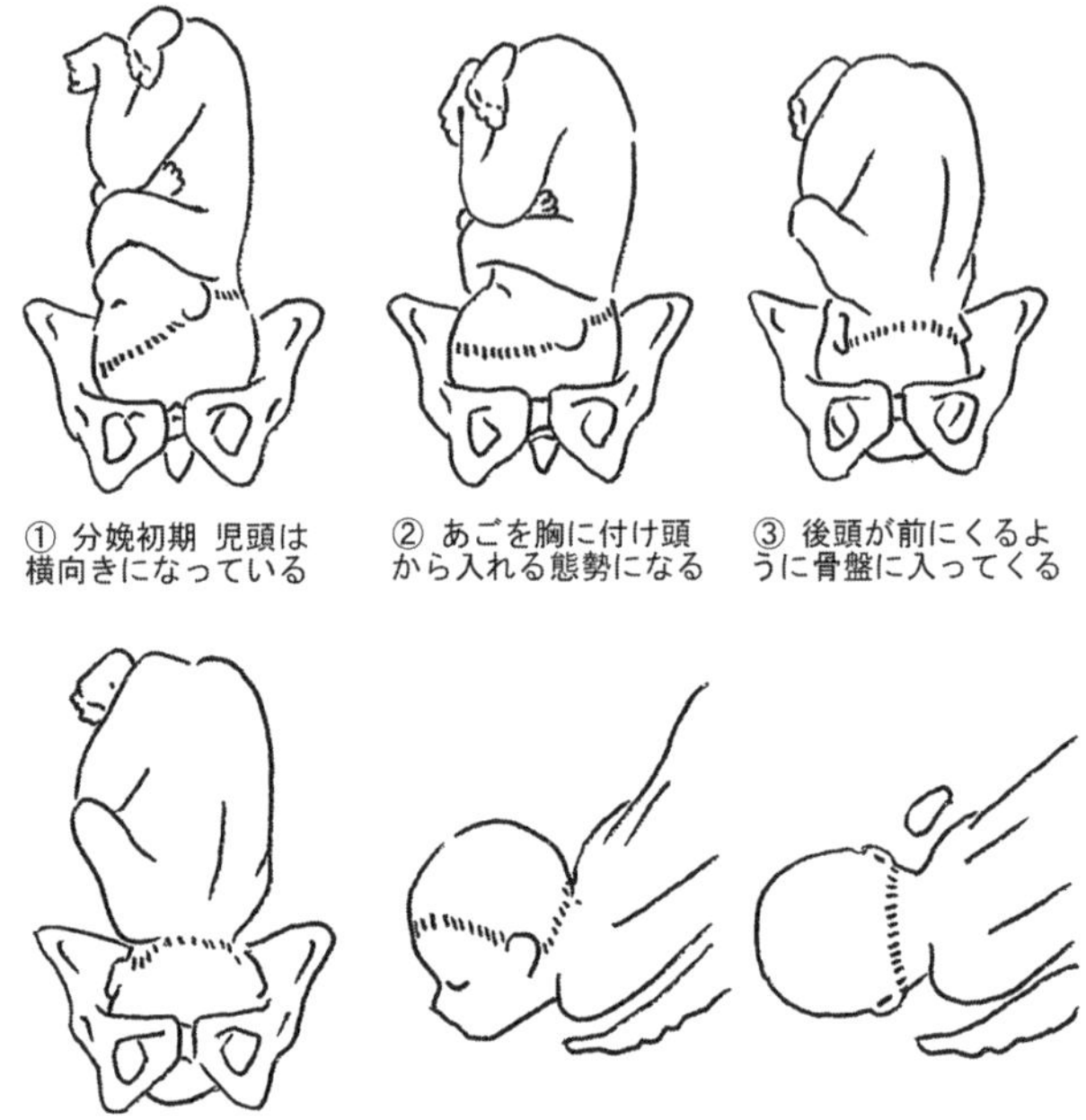
② あごを胸に付け頭
から入れる態勢になる
③ 後頭が前にくるよ
うに骨盤に入ってくる
④ 骨盤の出口にくる頃
後頭が正面にくる
⑤ 恥骨結合が緩み
うなじが現れる
⑥ 首まで出ると頭は
横を向き90度回転する

▧ 7-3 児頭の回旋

であると同時に、人生最大の試練でもあるのです。

陣痛がはじまってから赤ちゃんが母の体外に出るまでの通り道は、距離にすれば短いながら、ここでの数時間はこの世を生きていくための準備をする重要な時間です。赤ちゃんの娩出《べんしゅつ》や、心臓、肺などの変化を中心にお話を進めます（図7―3参照）。

胎児は頭を下にして逆さになっています。その頭は前後（額から後頭部）に長いので、分娩初期のまだ下降しきっていない段階までは、頭の前後の軸が母体の左右に一致します（母体が透明なら、正面からは逆さまになった赤ちゃんの横顔が見えるはずです）。

出産のはじまりで頭が下へ降りはじめます。それによって、子宮の出口付近が拡げられます。

これにより、母体からオキシトシンというホルモンが追加分泌されます。このホルモンは、子宮を収縮させる作用があるため、赤ちゃんの体がさらに下がり、それで頭が子宮の出口を一層拡げ、それによって……のサイクルが娩出するまで続きます。

いよいよ娩出される前までには、赤ちゃんは体軸を中心に九十度回旋している（赤ちゃんの後頭部から背中はお母さんのおなか側へ向きます）ので、頭の前後は骨盤の前後に一致します。児頭はひとりでに、その時その時の圧迫が最小となるよう回旋しながら産道をくぐり抜けるわけです（児頭がピッタリ嵌《は》まるように接している、その骨盤側の内面の接点をつなぐと、どの時点で見てもハート型です）。産道のぐるりを成す八個の骨はホルモンの作用と胎児の押し返しとで前方正中（恥骨結合）・後方左右（仙骨と両側の腸骨との間）の計三カ所の結合が緩み、尾骨も後退して微力ながら通過を助けます。

正常分娩なら、母子ともに何ら意図していないにもかかわらず、以上の動きがあれよあれよという間に進行します。母体側の子宮収縮（陣痛）と腹圧、骨盤の拡大、対する胎児の躍り出るような回旋……。これら、出産をやり遂げるまでのぴったり息の合った一つながりのコラボレーションは、ちょうど、鳥の卵が孵《かえ》ろうとする時、内側から雛が鳴いてそのことを告げ、すかさず親鳥が殻をつついて助ける啐啄《そったく》を連想させます。

ところで、子宮を出た時点で赤ちゃんの頭は産道まで来ていました。直前までの〝母なる海〟

から、一気に大気の世界へ個として羽ばたくには避けて通れない関所です。そこには羊水も余分な空間もなくて、極端に窮屈なため、赤ちゃんもさすがに居心地は最悪かと思われます（あちこちのお母さんから「生んだ私の方こそ苦しかった！」の声が聞こえそうです）。おまけに、へその緒を通して届けられるはずの酸素も量が減ってしまって息苦しく、頭部も形が変わるほど圧迫されています。こうしたストレスが、今度は赤ちゃんの側からホルモンを分泌させます。それが、ストレスホルモンと呼ばれるノルアドレナリン（ＮＥ）やアドレナリン（Ｅ）です。ヒトではストレスを感じた際に、必ずこれらのホルモンが分泌されますが、赤ちゃんにおいては、その量は大人の五倍にもなります。体のサイズからすれば、その多さやいかに！　よほど生きるか死ぬかの勝負どころなのでしょうね。

さて、ここで不思議なことに、二種類のホルモンの比率が通常ならＮＥ∨Ｅであるはずが、赤ちゃんの場合だけはＮＥ∧Ｅなのです。このため、心拍数が上がるべきところ、赤ちゃんはＮＥが多い影響で、逆に心拍数が半分以下に減ってしまいます。

人類が、神様の意図に気付く前は、そのたびに「心臓がピンチ！」「窒息状態だ！」とばかりに、早々に帝王切開に切り替えていたそうです。しかし、この赤ちゃんのＮＥ分泌が増えるのは自然の摂理であって、決して危険ではないとわかっています（そうは言ってもやはり苦しそうに思えますが……）。出産に際し、胎児は進化をなぞる上でも劇的な変化、つまり、水中生活に別れを告げ（OFF）、陸上生活をスタートすべくすべてのスイッチが切り替わる（ON）というのです。中でも極めて象徴的なのが呼吸の開始です。

赤ちゃんは、出産の最後の場面で押し出されて生まれます。この時、肺・喉や口・鼻にたまっていた羊水が流れ出します。この産道による圧迫が解除された反動と、加えてストレスホルモンのたすけもあって胸が一挙に広がるのです。赤ちゃん自身も、暗いところから急に明るいところへ出て、見るもの聞くもの何もかも初めての世界、おまけにへその緒や羊水という支えも途端に無くなったので、びっくりするあまり「ハッ！」と大きく息を吸い込み、今度は思いっきり「オギャアー！」と吐き出すのです。これを何回かくり返して、ようやく落ち着いた息ができるようになります。

第六章の「気道のしくみと働き」のところで、サーファクタントという物質についてお話ししました。肺胞というブドウ状の粒々が、つぶれずに広がったままでいるために必要なものでしたね。これもストレスホルモンのお陰です。ついでながら、赤ちゃんが体の中から栄養分を分解してエネルギーを得るのにも、このストレスホルモンが必要なのです。

赤ちゃんは、このホルモンのお陰で生後一時間は目を開けていられます。お母さんと初めて見つめ合う大切な時間であり、この一時間が母と子の絆の第一歩となるので、取り上げてお母さんに一目見せるだけで、すぐ新生児室へ連れて行くのはよくありません。覚醒状態はわずか一時間ほどで終わり、赤ちゃんは眠りに入ります。それから一週間ほどすれば、子宮の外での生活に適応できるようになります。

こうしてふり返りますと、どれもが〝切る〟と〝引き出す〟の連係プレーと言ってよいと思います。出産までの数時間については、とりわけ厳しい局面ですが、神様はここで決して妥協されず、誕生の直前まで、「さまざまな負荷に耐え抜けるだけの強い命を残そう」としているかのようです。

免疫システムについて

さて、〝切る〟という働きによって、私たちの体を守るための巧妙な備えができあがっています。それが免疫です。皆さんは、免疫という言葉からどんなことを連想しますか。「麻疹《はしか》」や「水疱瘡」「おたふく風邪」でしょうか。これらは伝染病を意味する「疫《えき》」ですね。しかし、一度かかっていれば、その後は一生かからずに済みます(終生免疫)。すなわち、疫病を免れるから免疫というわけです。

この免疫についてお話しする前に、ちょっと考えてみたいことがあります。

生物界は、実に多種多様ですね。神様はこの世を創造するに際し、人を繁栄させることだけが目的ではなかったようです。あらゆる生物が互いにたすけ合い、共生していくことを前提とされているかのように思われるのです。

生命の誕生から、人がこの世に現れるまでの気が遠くなるような長い時間、先輩格である単細胞生物から多細胞生物へ、植物から動物へ、下等動物から高等動物へ、そして人へという進化の過程を経る中で、その大半は地球最初の命とも言える微生物の天下だったことでしょう。生き物は、基本的に何かを養分としていますから、種類が増えるに従い、食物連鎖が次第に込み入るとともに、だんだん大所帯になってきたと考えられます。生物の種類が豊富にあるお陰で、植物は草食動物に食べられ、草食動物は肉食動物に食べられ、そして雑食である豚や人は、これらの多くを食べ物として取り入れています。

生き物の中でも、微生物の種類と数が無数であることが、地球表面での物質リサイクルと食物連鎖に不可欠となっています。自然界では、生き物が死ぬと同時に微生物が大活躍し、養分として利用しながら、結果的に早々と再び自然に返すからです。あらゆる動植物の最終処分を一手に引き受けているので、生物全体の共存になくてはならないプロセスなのです。マンガ『アンパンマン』に出てくる〝ばいきんまん〟も〝かびるんるん〟も、〝ジャムおじさん〟らの苦手な悪役ではあるものの、実はイイやつらでもあるのです（笑）。

この食物連鎖と切っても切れないものに、植物と動物との間におけるガス交換があります。そのしくみはご存じの通りで、酸素と二酸化炭素が行き来することで、双方がエネルギーを獲得できるばかりか、地球環境の維持にも役立っているのですから、実に壮大な共存共栄です。

目に見えない生き物を顕微鏡で見ますと、細菌類は人の表皮や消化管の内壁にも、一部を除いて隙間なく住みついています。ちなみに、ウイルスは細菌よりもずっと単純かつ不完全な作り（ほとんど遺伝情報だけ）であることや、サイズもはるかに小さいことを逆手にとって、なんと生きた細胞の中を住処《すみか》としています。先輩格である微生物にしてみれば、人体は、温度、湿度、その他の環境が整った、おいしい食べ物まである住処なわけです。日常的に人間の栄養分を横取りしたり、余り物をエサにしたりしています。まあ、ちゃっかり居候するくらいならまだカワイイ方ですが、なかには乗っ取ろうとする悪玉連中も限りがありません。最悪の場合、侵入者である微生物が生き延び、さらに仲間を増やすために、人の命が奪われることもあります。が、そこは良くしたもので、皮膚にも口の中にも、そして長い腸にもあらかじめ土着の先住民ならぬ「先住菌」がいて、悪玉がそう易々とは侵入できないよう陣取ってくれています。これを常在菌《じょうざいきん》と言います。番犬を遥かに凌ぐ常備軍ではありませんか。

ここからしばらく、『人体常在菌―病原菌排除能』（牛嶋彊　医薬ジャーナル社）から引用します。

常在菌にしてみれば、住処である人体（宿主《しゅくしゅ》）を破壊するのは自殺行為ですから、多種多様な細菌たちは、外来微生物が入ってこないよう協力し合っているというのです。もちろん、病原菌もブロックされます。「なんとも賢い！」と感心しませんか。なぜなら、人は結核やインフルエンザ、傷を広げる菌などに対しては、抗菌剤や消毒薬で攻撃するのに対し、常在菌はこれら副作用のある対抗手段をとらないからです。この本で最も驚かされたことの一つは、常在菌の次のような分業です。

常在菌にもさまざまな特技を持ったものがいて、侵入者（菌）に対しては、これを検出したり、発育を阻止したり、排除したりという防御的な役割分担をするかと思えば、仲間の常在菌に対しては、元気をなくしたら治療したり（医師・看護師・薬剤師はじめパラメディカル）、高分子化合物を利用しやすい形に変えてエサとして引き渡してやったり（栄養士）、抗生物質に耐性のできる遺伝子を分け与えて生き延びさせてやったり（先進医療）もしているというのですから舌を巻きます。こうした人間顔負けの高度の分業化社会を築いているくらいですから、人体という住処で、子々孫々、末代まで安定的に共存共栄を続けることができるのでしょう。

今や足場を確保した常在菌も、人体に初めて侵入した時点では迷惑なエイリアンであり、当然のことながら外敵としての扱いを受けたことでしょう。しかし、彼らにも知恵があるのか、侵入を何度も試みるうちに、人体と対決するよりは協調の道を選び、人体への何らかの利点（たとえば、ある種の致死的な外敵を寄せ付けない等）を提供するようになり、そうして人もやがて歩み寄ってそれを受け入れ、双方が納得して共生するようになったものと思われます。

『笑うカイチュウ』（講談社）で有名な藤田紘一郎教授によると、皮膚常在菌は、皮脂《ひし》をエサにして脂肪酸の膜を作ります。そのお陰で、アレルギー物質も病原体も跳ね返され、おまけに、湿り気が適度に保たれたしっとり肌になります。ところが、石鹸で体を洗うと、常在菌の九〇％が落ちてしまい、これが合成洗剤だと根こそぎ落ちるそうです。ボディーシャンプーは大丈夫なのでしょうか。洗い過ぎることで、ドライスキンやアトピー性皮膚炎などになりやすくなるので、かえって不潔になりやすいと見ることもできます。

人体防衛軍——免疫細胞

それでは、本論の免疫に戻ります。免疫の出発点は「自己」と「非自己」とを区別することです。マクロ（肉眼）で言えば、自己と非自己との区別は外見であったり、皮膚という物理的な境界ですね。皆さんも、交番や駅で「この顔を見たら一一〇番」という顔写真入りのポスターを見たことがあるでしょう。ほくろや傷跡、両目の間隔など、犯人の特徴が書いてありますね。

免疫においては、ミクロレベルでの自己と非自己の区別が根本です。非自己(元自己も含みます)とは、微生物やガン細胞、移植片とは限らず、化学物質のこともあります。食品や化粧品のアレルギーでできるブツブツなんかも、何らかの物質が体になじんでいない好例ですね。私たちの皮膚は、もともと表面が何層もの角質からできているので、病原体を容易に寄せ付けないのですが、残念ながら人体にはさまざまな出入り口、いわば異物の侵入門戸として代表的な、鼻、口、目、耳、そして尿道口、生殖器などが生まれつきあります。一時的にできる傷口もそうですね。そしてお気付きの通り、膿《うみ》を持った広範囲の傷や肺炎、食中毒などの大事件に至ることもあります。常在菌と人との平和な共存は、居場所を確保しようと機をうかがっている外来侵入者によって常に脅《おびや》かされていますが、通常は押したり押されたりの小競り合いで済んでいます。

そのわけは、呼吸器には粘液がばい菌やゴミをとらえ、それを気道表面の繊毛が波打つように口へと送り返してくれ、最後に、咳とともに痰として吐き出すしくみがありますし、目は涙を、尿道はおしっこを体外へと流し、決して逆流はさせません。涙や唾液には、炎症を抑え殺菌する物質が含まれるし、胃には食べ物が最初に溜まる臓器として、塩酸のような強酸性のプールがあるので、ここに浸かればほとんどの菌は殺されてしまいます。その先には無数の腸内細菌が内腔を占領し、栄養分を先取りし、前段のようなたすけ合いでよそ者を寄せ付けません。他にも産道に住み着いた常在菌は、感染を防ぐために常に酸性の環境を保っています。

こうした防御を基本として、より高等な戦術である免疫が用意されています。このしくみが崩れかけるか、もしくは防ぎきれないほど病原体の勢いが優った時、人は感染症に陥ります。

免疫にも、単純な対応と複雑かつ特異的な対応があります。免疫を担当する細胞はすべて白血球に分類され、面白いことにそこには軍隊のような階級まであります。言わば歩兵から司令官までが、それこそ強固な団結のもと規律にのっとり、使命の自覚、命令の下達、任務の遂行がなされています。白血球その他の血液の故郷が骨髄であることは前にお話ししましたね。

それでは、この白血球にどのような種類と役割があるか、ＮＨＫの『驚異の小宇宙　人体』その他を参照しながら、その一部をお話しします。

前線の歩兵としては、まず〝好中球《こうちゅうきゅう》〟があります。これは、血流に乗ってパトロールしながら、病原体などに出会うたびに食べてしまいます。二十五個ほど食べると限界になることと、寿命が数日しか持たないのが弱みですが、毎日一千億個近くも作られるそうです。その上をいくのが〝マクロファージ〟です。マクロとは「大」を意味し、ファージは「食べる細胞」という意味です（大食漢です）。その名の通り、パトロールしながら、百個以上の敵を飲み込んで噛み砕いてしまいます。マクロファージには、この他に少なくとも二つの働きがあります。

一つは、脳を刺激して体温を上げる命令を出させることです。これにより、免疫担当細胞の活動が活発になるのです。その意味で、発熱とは感染初期における正常な対応の一部であり、これを悪い症状と捉えていきなり解熱剤を使うことは良くありません。くしゃみにはこの体温を上げる作用があるだけでなく、異物を勢いよく追い出すこともできますね。

もう一つの重要な働きは、飲み込んで噛み砕いた敵の破片のうち、特徴的な部分を上官（ここでは〝Ｔ細胞〟とします）に知らせることです。敵と言いましたが、視覚を持たない細胞はどうやって味方との見分けがつくのでしょうか。実は、私たちの体には約三十七兆個の細胞があり、赤血球を除くすべての表面に、自己であることを示す目印があるのです。これは、家族や血縁者は別として、一人ひとりほぼ固有の組み合わせです。目印は形の異なる二本のラインからなり、父親に二本（仮にA・Bとしましょう）、母親にも二本（C・D）あり、その子どもは、両親から一本ずつ受け継ぐので、子どもらには、A・C、A・D、B・C、B・Dの四通りの自己があり得ますね。つまり、親子では一致しませんが、兄弟の間ですと別の個体でありながら、免疫学的に完全に一致するもう一人の自己である確率は四分の一にもなります。白血病などになって薬が効かない場合でも、もう一人の自己である兄弟から骨髄を分けてもらい（骨髄移植）、完治することも可能というわけです。この意味で、兄弟の存在は有難いですね。これが他人同士ですと、一致する確率は高く見積もっても五〇〇分の一以下もありません。これは逆に車や住宅のセキュリティを連想させます。同じ車種でもキーが一致するのは数万台に一台の割合、さらに住宅の鍵ですと数億分の一という低さです。骨髄バンクの登録者が十万人は必要だと言われる理由はここにあります。赤血球の血液型が四種類しかないのとは対照的ですね。

　先ほど出てきたT細胞ですが、中でも〝ヘルパーT細胞〟は、免疫担当細胞の最高司令官とも言われ、骨髄を出たあと、幹部養成学校と

も言える〝胸腺〟での厳しいふるい落とし（九五％は落伍）を突破して卒業できたスーパーエリートです。Ｔ細胞は他にも何種類かありますが、ここでは省略します。胸腺とは、胸を左右に分ける中心線に沿って、縦に位置する長さ二〇㎝前後、幅三〜四㎝の胸骨と皮膚との間にある組織で、思春期が最大ですが、以後は成長とともに小さくなります。

ヘルパーＴ細胞は、侵入者の特徴を示す破片（犯人で言えば顔）を届けてきたマクロファージと接触するや否や、この特徴を持つ異物に対する総攻撃の指揮を執《と》ります。戦士たちに指令を発し、これによりマクロファージの集団は、病原体などを一層多く飲み込んで破壊します。次に、〝Ｂ細胞〟が抗体という百発百中の追尾ミサイルを増産します。なぜ百発百中かというと、Ｂ細胞が作るミサイルの弾頭は、マクロファージがＴ細胞に示した病原体の特徴的な破片とピッタリかみ合う形に作られているからです。こんな飛び道具を無数に発射するのですから、狙われる病原体はたまったものではありません。

このミサイルは、誤爆する心配もないので目標以外に対しては無害です。こうして、目に見えないところで相手を退治するか、それとも占領されるかを賭けた闘いがくり広げられます。その間、私たちは発熱したりだるかったりし、戦場に相当する臓器（呼吸器、消化器、泌尿器など）の症状が続きます。医療のたすけも借りながら、ほとんどの闘いにおいて最終的には勝利します（ヤレヤレ）。初戦が終わった後、いつかくり返されるであろう戦いをより有利に進めるために役立つのが〝B細胞〟です。記憶力に優れ、一度出会った敵の特徴を保持しています。そのお陰で、同じ敵に二回目以降出くわした際には、迅速にミサイルを増産配備して迎え撃てるので、皆さんの知らない間に敵は退散してしまいます。ご推察の通り、予防注射などで接種されるワクチンは、以上のしくみを応用したものです。

免疫担当細胞たちは、全身をパトロールできるよう血流に乗っかり、ときどき血管の外（組織）へも自由に出入りできます。血管の総延長が、数万kmもあることは以前お話ししましたね。そして、血液でも組織でもないところに、免疫担当細胞の溜まり場があります。毛細血管から染み出した水分を集め、これを心臓に返すもう一つの水脈として〝リンパ管〟があり、このリンパ管のところどころにある豆粒大の〝リンパ節〟がそうなのです。

リンパ節の目的からして、それが陣取るにふさわしい場所は外敵の侵入門戸ですので、喉や首、腋の下、太腿の付け根、大動脈と背骨の周囲、小腸のほぼ全長、といった要所要所で待ち構えています。お気づきのように、そこから先にある大切な臓器を守るためです。

とりわけ、最大の侵入路である喉には、ぐるりと取り囲むように拠点を構えているので、命名者の名前を冠してワルダイエル咽頭輪《いんとうりん》と呼ばれます（悪絶えーる、に聞こえませんか　笑）。その一つが、皆さんもよくご存じの扁桃《へんとう》（正確には口蓋《こうがい》扁桃）です。子どもさんの口の中をのぞいてみてください。ついでに、「あー」と声を出してもらうと、内側へ大きく張り出した左右一対の塊を見つけられるでしょう。大切な要塞（ようさい）ではありますが、時に勢い余って赤く大きく腫れ、宿主（それも子ども）を苦しめるのが難点です。ここは息をしたり、食べ物を飲み込んだりする通り道だけに、なおさらかわいそうです。

切り傷は、血が止まった後も赤く腫れて熱を帯びていますね。なぜでしょう？　エイリアンの侵入に気づいたマクロファージは、ある物質を血液中に流し、免疫細胞に「戦場はここだ！」と教え、そこに呼び寄せて元気づけます。この物質は、血管壁の構造である網の目を広げるので、免疫細胞らが血中から血管外の戦場へ、するりと通り抜けられるのです。同時に周辺から体液も流れ込むので腫れてきます。戦場ですから熱く、赤くなるわけです。

赤み、腫れ、熱、痛み、もしくは痒《かゆ》みは、炎症の四点セットでしたね。免疫担当の戦士たちにしてみればわかりやすい目印であり、おまけに駆けつけやすいよう通路が広げられているので、そこを目がけて集結し集中砲火を浴びせられるわけです。さらに、炎症の規模や期間がただ事でない場合、最寄りのリンパ節にも兵士が続々と集まって、そこで免疫反応が起きるので、やはりここも腫れます。一般に、リンパ節が異常かどうかはサイズで線引きされ、直径が一cmを超えると異常とみなされます。ご存じの通り、リンパ節は腫瘍《しゅよう》の場合でも腫れますが、炎症の諸症状が見られない場合はこちらを疑います。

最後に、免疫疾患として問題となっている〝アレルギー〟について見てみましょう。国の統計

（二〇〇八年。数字はいずれも小数点以下を丸めてあります）によると、喘息の有病率は、幼稚園児が二〇％、六～七歳が一四％。十三～十四歳が一〇％。十六～十八歳が八％。成人では過去一年間に症状を見た人が九％でした。アトピー性皮膚炎は、二十～三十歳代で九％、花粉症を含む鼻アレルギーは、一般住民の四七％もあり、全人口の二人に一人が何らかのアレルギー疾患を有しています。ここ数十年で、アレルギー疾患は急増しました。人体にとって未知のアレルゲン（アレルギーを引き起こす物質）が、種類・量ともに増え続けていることや、体の免疫システムが乱されたことが原因なのでしょう。では、アレルギーのメカニズムの、どの部分に変化が起きたのかというとまだ結論は出ていません。

免疫システムについて言えば、腸内細菌を構成する種類の激変が、自己免疫疾患、アレルギー疾患、他にもガン、肥満症などを引き起こすことがわかっています。脂質が多い食事や抗生物質、ストレスなどもバランスを崩しそうですね。腸内細菌は、ざっと一千種類、その数、数百～千兆個（地球の人口の一万倍よりも多い）もいます。

再び既出の藤田紘一郎医師によりますと、人間の免疫力の七〇％は腸内細菌の働きによるそうですから、彼らがエサとする穀物、野菜、果物、海藻などに含まれる食物繊維をしっかり摂ることで、免疫力が高まるということです。そうすることで、もう一つのご利益としてお通じも良くなります。重症の腸炎を治療するのに、健常人の便を濾《こ》して流し込む治療は成績が良いはずです。

かと言って、太っちょの方がスーパーモデルの便をいただいたとしてもスリムになれるわけではありません（笑）。理化学研究所の資料によると、やはり腸内細菌叢《さいきんそう》と免疫とが、お互いに影響を及ぼし合うことで、人体の健康が保たれているのだそうです。

驚くべきことに、免疫システムには、将来どのような病原体や化学物質が襲いかかって来ようとも、それまでに無いしくみを新たに創出して対応できるような柔軟性があります。今ある遺伝情報で、未知の未来を切り抜けられるというのです。親神様は、いったいどこまで考えてくださっているのでしょうか。

借りたものを返す時

◇**仙田**　この体が神様からの借り物ならば、いつかはお返ししなければならない時が来るのは理の当然と言えるでしょう。しかし、この世に生きている人は誰も経験したことがない〝死〟は、それゆえ、とても不安で恐ろしいものでもあります。この不安や恐怖心は、どうすれば軽減できるでしょう。

日本を代表する女優の樹木希林さんが、惜しくも平成三十年九月十五日、七十五歳でお亡くなりになりました。その数カ月前、彼女は朝日新聞社の取材に応えて、次のようなコメントを残しています（『樹木希林　120の遺言』宝島社）。

後期高齢者の仲間入りね。ここまで十分生かしてもらったなあ、って思います。私、自分の身体は自分のものだと考えていました。とんでもない。この身体は借りものなんですよね。最近、そう思うようになりました。借りものの身体の中に、こういう性格のものが入っているんだ、と。

ところが、若い頃からずっと、わがもの顔で使ってきましたからね。ぞんざいに扱いすぎました。今ごろになって「ごめんなさいね」と謝っても、もう遅いわね。

「人間いつかは死ぬ」とよく言われます。これだけ長くがんと付き合っているとね、「いつかは死ぬ」じゃなくて「いつでも死ぬ」という感覚なんです。でも、借りていたものをお返しするんだと考えると、すごく楽ですよね。

彼女が天理教徒であったか否かは存じ上げませんが、この文章からも明らかな通り、彼女は「かしもの・かりもの」の根本教理を、ちゃんと聞き分けて、自分の来し方をふり返っておられます。

私がお道の信仰を求めて来られたのは、実は、ガンをはじめとするさまざまな病や事情に苦しむ方々に、おたすけ現場を通して出会えたからであり、逆に、私の方がそのお一人おひとりから、この道の信仰の尊さ、「かしもの・かりもの」の理の奥深さを教えていただいたからでもあります。

人生最初のおたすけのこと

私が人生で初めておたすけに行った日のことをお話しします。

その方は八十七歳の女性で、小学校の教員をされていた才女でした。彼女は糖尿病が悪化して足の末端の細胞が壊死するようになり、膝から下を切断しなければならない状態でした。

しかし、彼女は明治生まれの気骨ある女性でしたから、「女が八十を過ぎて、足を落としてまで生き延びようとは思わない。そんな手術をするくらいなら早く死なせてほしい」と言って周囲を困らせていました。その方の孫娘が、ちょうど中学校の同級生でもあったので、私はこんな話をさせてもらいました。

「○○さん。私はあなたの孫娘の○○ちゃんの同級生で仙田と申します。聞くところによると、彼女はもうすぐ結婚なさるとのことですね。実は、私ももうすぐ結婚するのですが、そのことを祖父母はとても喜んでくれていて、結婚式に参列することを心待ちにしてくれています。私たちも祖父母に是非とも参列してもらいたいと思っています。○○ちゃんもきっとそのように願っているのではないでしょうか。だから、『早く死なしてほしい』なんて言わずに、彼女の結婚式にたとえ少しの時間でも参列できるように、今から準備をしていただくことはできないでしょうか。私にできることは、神様に祈ることしかありませんから、今からおさづけを取次がせてください」

というようなことを、しどろもどろになりながら伝えて、早々におさづけを取次がせていただきました。

すると、それまで険しい表情をしていたその方の目から一筋の涙が流れて、微笑んでいるような優しい顔になっていきました。おさづけが終わって、私はもう一度、「約束ですよ。結婚式に参列できるように頑張ってくださいね」と声をかけると、微笑みながらうなずいてくれました。

その後、病室を出て個室のドアを閉める瞬間、彼女と目が合い、私は思いもかけない言葉を耳にしたのです。彼女はニコニコと微笑みながら、「早く死なせて！」と言ったのです。

その状況をまったく理解することができなかった私は、とっさに「この人を死なすわけにはいかない。何としてでも親神様の不思議なご守護をいただきたい」という思いでいっぱいになり、すぐに教会に帰ってお願いづとめをして、いろいろと心定めをさせていただきました。

その日の夕方、彼女のご家族から教会に電話があって、「先ほど、母が眠るように穏やかに息を引き取りました。これまで本当にお世話になりました」とのお礼の電話でした。この女性の涙は何だったのか？　……穏やかな顔付きに変わったのに「早く死なせて！」と言ったのはどういうことなのか？　……命の掛かったおたすけの現場に初めて立つ私には、すべてがわからないことだらけでした。しかし、そのことがあったからこそ、彼女の涙のわけがわかるようになるまで、真摯に信仰をしていこうという決心ができました。

後日、彼女は末期ガンであったことを聞かされましたが、彼女の口にした言葉がどういう理由だったのかは今も判然としません。人生の一大事である死は、どの立場に立つかによって様相が異なります。

M君のこと

当たり前のことですが、人は自分の人生を思い通りにコントロールすることはできません。そこで私たちは、時には先人の教えや書物等の知識を参考にしながら、自分の限られた経験を判断の基準にして、人生を生きている場合が多いように思います。

ただそれが、自分の頑張りで何とかなる問題ならまだしも、自分の力ではどうすることもできない自然災害や感染症の流行、あるいは戦争や交通事故に巻き込まれるといった運命的な出来事が起こってきた時などは、目の前が真っ暗になる思いがします。

そんな時は、人生の意味を見つめ直すとか、自分が生きていることの本質をとことん考えてみなければ、その苦悩から抜け出すことができないこともあるように思います。そんな時、頼りになるのが「かしもの・かりもの」の教えではないかと私は思っています。

今からちょうど三十年前の一九九二年、三宅君と同じく高校時代のクラスメートだったM君がガンで亡くなりました。三十五歳でした。将来を嘱望されていた心臓外科医だった彼は、自分の体の変調に気付いていながら、「人の命を救いたい」という強い使命感から、常に全力で患者と向き合うことを優先して、自身の直腸に巣くう進行性ガンの発見が遅れました。

彼は、部下の医師から手術の結果を聞き、摘出された臓器を目の当たりにして、自分の死がそう遠くないことを知りました。でも彼は一般の人と違って、ほぼ毎日のように人の死を看取る現場にいたこともあってか、自分の死を驚くほど冷静に受け止められたそうです。しかし、その二日後、自身の三人目の子どもが産まれたという知らせを聞いて心が一遍に動転してしまいました。

彼は病床で、私にこんなことを訴えました。

「私の余命はもう残り少ない。今度生まれてきた子が物心つくまではたぶん生きられない。少なくとも現代医学では考えられない。その子はいずれ写真なりビデオなりで私が自分の父親であることを知るのだろう。でも、自分はそれが耐えられない。彼自身の目で生きている父親を認識できる時まで私は生きていたい。

仙田、もし自分の命をせめて三年延ばしてくれるなら、お前の信仰する神様にすがりたい。頼む、たすけてくれ！」

そして間もなく、天理教のおつとめを習い始めました。わずか一週間で座りづとめから十二下りのておどりまでマスターしました。三カ月後、家族そろって修養科に入りました。最初の一カ月は元気に通えたのですが、二カ月目に容体が急変して天理よろづ相談所（憩の家）病院に緊急入院することになりました。彼はそのとき、内心「これで終わった！」と思ったそうです。

その夜、彼はウトウトとするだけで熟睡することができませんでした。日の出の時刻の三十分前に目が覚めた彼が、ぼんやりと窓の外を眺めていると、東の山から陽が昇る寸前、目の前に見える本部神殿の瓦がキラキラキラと、まぶしいくらいに光り輝きました。その瞬間彼は、「ああ、自分は今日も生きている！　また今日も生きられる！」という感動が胸に迫って、溢れる涙を止めることができなかったと言います。

それから亡くなるまでの約二カ月間、来る日も来る日も、彼は早朝のお日様の光に感動し、感激の涙を流し続けました。そして自分の体が動く限り、同室の人ばかりか同じ病棟の患者さん方をも、医師として勇ませて過ごしました。そして遂に七月七日、本部朝づとめが始まると同時に、眠るように安らかに、三十五年の短い人生に幕を引きました。

その後数カ月間、私は何をするにもやる気が出なくなりました。彼の最期があまりにも素晴らしかったことと、彼の願いに応えられなかった宗教者としての自分に自信が持てなくなったことなどから、燃え尽き症候群の状態が続きました。

そんな時、まだ幼かった長男が元気のない私を心配してか唐突に、

「お父さん、なぞなぞしよう。『死ぬ』の反対なーんだ？」

と、話しかけてきました。

「えっ？　生きるだろ？」

と私。すると、

「ブッブー、残念でした。答えは『産まれる』でした！」

私はハッとしました。「そうか！　死ぬの反対は生きるではなくて、産まれるか！」

教会で生まれ育った私は幼い頃から、「人間の体は自分のものだと思っているが、実は神様からのかりものである」という「かしもの・かりもの」の教理を、耳にタコができるほど聞かされていましたが、あまり真剣に考えたことがありませんでした。

でも、考えてみればまったくその通りで、私たち人間は、生まれてくるのも死ぬのも、自分ではどうすることもできません。そして誕生後も、死を迎えるまでの間、神様に十全のご守護をいただきながら〝生かされている〟存在なのです。

私はそれまで、「一度きりの人生、何か一つでも大したことをやり遂げないと男として生きる甲斐がない」という自己をはなはだ過信した人生観を持っていたのですが、それがなんと思い上がったものであるかということに初めて気付きました。「朝、目が覚める」ことなど至って当たり前のことだと深く考えもしなかった日常が、本当は「今日も生きられる！」という感激の瞬間だったのだということを、この時初めて身にしみて感じることができました。

そんな自覚ができると人生観も変わりました。つまり、「人生とは、生まれてから死ぬまでの間のこと。だから、その人の人生が輝いているかどうかは、死ぬまでに築き上げた富や名声が尊いのではなくて、どんな人生であったとしても、『涙が出るほどうれしい朝をどれくらいたくさん迎えたか』ということ、そんな何でもない当たり前のことに感謝できる人生が、本当はとても値打ちのあることではないか」と思うようになったのです。

明治二十八年七月二日の『おさしづ』に、
届かん者は阿呆とも言う。届かんけれども心一つ実を楽しんで通るが道の台と言う。

とあります。自分は、親友をたすけることのできなかった届かない、阿呆な宗教者だからこそ、いつか届くように努力すればいいんだと思ったら、なんだか肩の力が抜けて、「今日も一日、いろいろあったけど、結構に暮らせてありがとうございました」と言って眠りにつく。そんな当たり前のことに感謝できる日を過ごせるようになりました。そして、早世したM君は宗教者の本分を教えてくれた師匠として、今でも私の心に生きています。

天理教の死生観

人の死については、天理教教典の「第七章　かしもの・かりもの」の70頁に、次のように書かれています。

……身上を返すことを、出直と仰せられる。それは、古い着物を脱いで、新しい着物と着かえるようなもので、次には、又、我の理と教えられる心一つに、新しい身上を借りて、この世に帰つて来る。

人の死に関する問題を、「かしもの・かりものの理」という根本教理と密接に関連するものとして説いていることは重要なところです。

天理教では、人の死を「出直し」という言葉で表します。『天理教事典　第三版』によれば、この言葉は、「最初から新しくやり直すという意味が含まれている。いわゆる死が、この世での生の終結を意味するのに対して、出直しは、この世で再び生命を得るために、新しく再出発するという意味をもつ」と解説されています。

人間は心と体からなっていますが、体は親神様の〝貸しもの〟であり、人間の側から言えば〝借りもの〟、すなわち「かしもの・かりもの」です。そして、人間は体をお借りすることによって命を与えられることになりますが、借りたものならいつかはお返ししなければなりません。それを着物にたとえて、「古い着物を脱いで、新しい着物と着かえるようなもの」と教えられています。つまり、人間の本体である魂は、親神様のご守護によって、また新しい体を借りてこの世に出直して帰ってきます。元の理のお話によれば、人間の本体である〝魂〟は、元初まり以来、出直しと生まれ更わりをくり返しながら、だんだんと成人の過程を進んでいることがうかがわれます。

とは言え、人の生死はすべて親神様のお働きのなせる業で、人間にはどうすることもできません。親神様の「世界中の人間をたすけたい」と思召される、大いなるお慈悲の親心によって、前生の心づかいに応じて、しかるべきところに生まれかわらせていただくわけです。

ですから、私たちは今の人生を単なる生のくり返しとして漫然と生きるのではなく、次の新たな向上への機会が与えられることを楽しみに、親神様のお喜びいただける「誠真実」の心で生きていくことが大切になります。

人が死ぬということは、もうその人とは二度と会えないという意味ではとても辛く悲しいことです。しかし、それは決して永遠の終わりではなく、ましてや絶望でもありません。今生の終わりは、同時に新たな来世への門出となっているとも言えるわけで、どこまでも未来志向の教えであるところに、天理教独自の死生観を見ることができます。

第八章 をふとのべのみこと

をふとのべのみこと　出産の時、親の胎内から子を引き出す世話、世界では引き出し一切の守護の理。

◇**仙田**　ここでの「出産の時、親の胎内から子を引き出す世話」についてですが、出産時には「切る」と「引き出す」という言葉で表される働きが連続して起こることから、その一連の働きを、三宅氏は前章でまとめて解説してくださいました。

ところで、人体には生まれたときから既に、環境の変化に対応しながら、生命を維持するため、各器官を連携させて調節する「安全と恒常性のしくみ」が備わっています。そのような、生命維持に不可欠な高度な情報処理・対処システムも、親神の引き出しのご守護と言えないでしょうか。

また、体の成長（引き出し）に欠かせないのが食物ですが、自然界には栄養素がバランス良く配分された食材があり、体内では三大栄養素（炭水化物・脂肪・タンパク質）の相互移行、貯蔵、過不足の調整といった代謝の妙があります。

さらに、赤ちゃんの成長に欠かせない母乳の効用についても、三宅氏に詳しく教えていただきます。

安全と恒常性のしくみ

◆**三宅**　今回のテーマは「引き出し」についてです。この世に生を受け、成長・成熟し、やがて衰えていく過程は、ご存じの通り、人も動物も同じです。

ヒトの成長に関して言えば、母乳にはじまる養分をとり入れつつ、細胞の数を数十兆個にまで増やし、細胞の種類によっては、そのサイズも拡大することで全体が大きくなります。骨格・筋肉・皮膚、各種の臓器・器官、神経・血管・血液など、全てがバランスを取りながら年齢に合わせた変化を見せます。パワーと機能も、這う・立つ・歩く・走る・跳ぶというふうに向上します。

人は通常、体内で起きることは意識していません。人が意識するのは、覚醒しているという感覚、五感、見当識《けんとうしき》（季節や日時、現在地、自分の年齢、置かれている状況などの意識）、そして、一瞬も休まることのない千差万別の思考です。では、意識下はどうでしょうか。寝ている時や重症の際はもちろん、覚醒していても気付かないうちに起きていること、それが生命維持に不可欠な「安全と恒常性のしくみ」なのです。

これらは、ヒトがヒトになるよりもはるか以前、おそらく生物の発生当初から発達してきたのでしょう。人体は、物理的・化学的・生物学的・社会的な外部環境の変化に対応しながら、生命を維持するため、各器官を連携させて調節する高度な情報処理・対処システムがあります。ご存じの各種の反射は、とっさに体を保護するためになくてはならないものですね。それほど瞬時でなくてもよいものには、意識にのぼらないものとしては、温度や湿度、酸素・炭酸ガスの濃度、有害な化学物質や微生物などがあり、たとえば明暗、寒暑、喉の渇き、空腹、眠気などは感覚に現れますね。これら一つ一つを察知し、即座に対応することすべてが自動で行われます。そして、目的や状況に応じて優先順位が決まり可能な限り並行処理されます。何もかもが最適化されて〝よりよく生きられる〟しくみが備わっているからですね。

一日ごとの周期で見ますと、私たちは起きている時と寝ている時とでまるで違いますね。一日を大まかに〝活動モード〟と〝休憩モード〟の二種類に分けてスイッチを切り替えているのです。さらに、同じ活動モード中であっても、平常モードからいきなり危機的な状況に遭遇した時などは、全身に警報が鳴り響いて非常時モードに切り替わり、危機を逃れることが最優先となって、それと直接関連のない営みの多くが停止するか、必要最小限にまで抑えられます。こうした調節の目的は、突き詰めれば生き延びること（個体の保存、具体的には細胞環境の維持）、そしてゆくゆくは子孫を残すこと（種の保存）に行き当たります。

〝生きている〟というのは、ミクロ的に見れば、個々の細胞が生きているからこそです。そこで生命維持のしくみは、外部環境の変化に対し、「切る」と「引き出し」とを絶え間なく連携させて使い分け、個々の細胞をとりまく環境を一定の範囲に保つことなのです。ちなみに、この場合の環境とは、細胞を包み込む液体（血液、組織液、脳脊髄液など。電解質の組成がほぼ海水）の物理化学的状態のことです。この調整のしくみをホメオスタシス（生体恒常性）といいます。これら生体の恒常性を保つための〝対応〟は、時間、パターン、対処法が実にさまざまです。こうした調節を担っているのが、自律神経系と内分泌（ホルモン）系、そして免疫系であり、それぞれの対処はこれまた千差万別です。

自律神経は、一日を活動モード（朝〜夕）と休息モード（夕〜朝）に分けるほか、急用にも対応可能です。たとえば、昼寝をしている時に玄関のチャイムで急に目を覚まし、体を起こして立ち上がったとしても、すぐに血圧や脈拍が上がるお陰でふらつかず、続いて倒れることなく歩けますね。対応が実にスピーディーです。それに対し内分泌は、効果が出るまでに早くても分単位とスローモーです。が、その代わり根気よく長続きするものが多く、中には効果を出し切るまで数週間から数年かかるものもあります（男性の声変わり、女性の体形など）。

免疫については、前章でも触れましたが、この章では外敵に対する守りのしくみについて、城下町にたとえてお話ししますね。頑丈な城郭（皮膚）、空き家がなく定住者が常に在住（常在菌）、警察署と交番、巡回・監視カメラ、不審者の発見と一一〇番通報、包囲、逮捕、再来への備え、取り逃がした際の犯人の顔写真表示（上記のいずれも白血球）など、有事に応じた〝引き出し〟と言うべく、何重もの構えや動きが備わっています。

以上はミクロの世界ですが、マクロ（肉眼）でも、たとえば、厳しい日差しを避けて日陰に入るとか、冷房が強過ぎるのでもう一枚着るとか、騒音や悪臭から逃れるとか、油断のならない顔つきの人を避けるなどは普段から経験しますね。これらも各種の感覚や経験に基づいた、体を保護するための引き出しなわけです。このように、親神様は片時も目を離さず、我々一人ひとりを体の隅々まで見守っておられることに安堵を覚えます。

気が遠くなるような長い時を経て、私たちに備わったしくみには、病に対するこれまた多種多様な引き出しがあります。皆さんは、たとえば風邪をひいた時、お腹をこわした時、肩や腰が痛む時、眠れない時など、すぐにお薬に頼りますか？

医療機関では、そのご要望にお応えすべく、対症療法（表面化した症状・所見を取り去るだけの治療）がしばしば最優先されています。が、そのうちの少なくない部分が、せっかくの修復過程を邪魔し、かえって回復を遅らせている可能性があるのです。症状に素直に従い、体の嫌がる無理はせず、痛いなら動かさない、体がだるいなら横になって休む、寒気がするなら熱い飲み物で温まってから布団にくるまる、お腹をこわしたら食を慎む、などの何もなくてもできる対処がまず必要です（進化の過程で備わった、医者いらずの回復法です　笑）。

薬を飲んでまた頑張るというのは、治す目的からして遠回りであるばかりか、自分自身に対する虐待ですらあります。体調不良や病の辛さには同情いたしますが、これらの有難くない症状に身を任せることこそ、健康を取り戻すための〝引き出し〟と考えられないでしょうか。そして、少なくとも日常診療でよく見かける症状（自然治癒がきかないむし歯などは除きます）については、前段の要領で回復過程を体得され、以後同様の症状が出現した際には、その経験を生かす、というふうになさってはいかがでしょうか。

より良く生きるためのしくみ

医学では、正常と異常とを客観的に区別していますが、私たちは実際には〝完全に正常〟と〝明らかに異常〟との二点を両端として結ばれた連続線上のどこかにいます。健康にはそれを保つ〝しくみ〟が、病気にはそこに至る〝過程〟があります。

健康であるためには、まずは大枠で正しい生活を送らなくてはいけません。二十四時間周期の規則正しい生活リズムに加え、栄養、運動（学びや仕事、種々の用件で脳と体を動かすこと）、休養（寝たり休憩したりするほか、娯楽や趣味、語らい、交流なんかは精神的な休養ですね）が、いずれもバランスよく配分されている必要があります。

では、ミクロの世界ではどうなっているかというと、これまでにざっとご紹介した通り、あらゆるものを正常範囲内にコントロールするしくみがありましたね。そうです、「モニタリング（フィードバック）」と、「（サーモスタットのように）正常範囲内に留める作用」（合わせてホメオスタシス）です。

体内の物質代謝では、まず食事として取り入れられたものが、エネルギーや必要な物質に変わり、役立った後はリサイクルされるか、有害であれば無毒化を経て、最後は老廃物として排泄されるのでしたね。「過ぎたるは、なお及ばざるが如し」と言いますが、体内物質は過不足がないのが一番良いのであって、不足すればもちろんのこと、たとえ必要不可欠なものでも、多過ぎれば健康を害します。一時も欠かせない酸素や水でさえ例外ではありません。

したがって、何もかもが一定の範囲に収まるよう、見張りと調節が常になされています。そしてその範囲は、遺伝や環境、生活様式によって決まるので、人によって違いがあります。やじろべえや船は、傾いても反対向きに力が働いてつり合いを保とうとしますね。ご存じの通り、モーメントや浮力によるもので計算も可能です。

人体の代謝は、わかっているだけでも数百種あって誠に複雑です。

栄養についていえば、あたかもＬＥＧＯ（デンマーク発祥の玩具）のような、形や色の異なる何種類ものブロックが無数に集まってできた巨大な作品（食物）を分解し、次いで、自らに合うさまざまな形に作り直しては消費しているように見えます。こうして、人体にある分子から器官まですべてを作り変えながらバランスをとっているのです（動的平衡《どうてきへいこう》と言います）。タンパク質では、二〇種類あるアミノ酸を百個〜数万個、それもパターンを変えて組み合わせるので、最終的には約十万種にもなります。

大なり小なり関連性を持つ数多《あまた》の代謝、その流れとバランスをコントロールするには、体内での各代謝の優先順位をそのつど判断しながら、できる限り他に弊害が及ばないよう迅速かつ絶妙に調整していかねばなりません。それがどれほど大変なことか……。

身体には未知の物質、未知の代謝がまだまだあるであろうことを思えば、体内のすべての代謝を、人工的に常に最良の状態に制御など未来永劫不可能でしょう。ところが、皆さんお一人おひとりの体の中には、最初から親神様がおられるので、委《ゆだ》ねておくだけでそれが自然にできているのです。何とも有難いですね。当たり前のことですが、私たちの体は代謝のスタートとなる食べ物からできています。そこで、手始めにブドウ糖を取り上げ、その調整についてお話しします。

なぜなら、ほぼすべての細胞のエネルギー源となっているからです。

エネルギーの安定供給

食物をエネルギーに変え、それを全身に過不足なく行き渡らせる……そのためにはどのような仕組みが必要でしょうか。食事の〝いつ、何を、どれくらい〟は〝自分で決めている〟つもりですが、実は先人によって確立された習慣や無意識に生じる欲求（＝平衡説。献立を考える人、大抵は女性が長生きする理由の一つとも。笑）のお陰で、ほぼ過不足なく調節されているのです。

では、これで燃料切れの心配はないのでしょうか。長い人生には、さまざまな事情で何日も何一つ口にできないことがあります。が、それでも命は当面保っていけます。なぜでしょう。また一日単位で見た場合、食事と食事の間、特に次の食事前のエネルギー事情はどうなっているのでしょうか。食事の前後にも視野を広げ、エネルギーを安定的に供給するしくみについてお話しします。

食物自体にある安定

皆様は、穀類がタンパク質や脂質も含み（割合は数パーセントと低いながら）、タンパク源とされる食材には脂質が多く含まれることはご存じですね。成分表をみれば一目瞭然、自然の食材には大なり小なりほぼすべての栄養素（ビタミンやミネラルなど）が含まれています（この点、栄養失調をきたしやすい一部の加工食品との違いです）。有難いことに、ヒトは三大栄養素のいずれからでもエネルギーを得られるうえ、農耕・牧畜・養殖・品種改良を進化させて食物連鎖の頂点に立てたので、食材のバリエーションはそれこそ広大です。また、タンパク質は糖質の役割をそっくり肩代わりできます。それに対し草食動物ですと、たとえば馬は半日を費やして一〇～二〇kgの草を食み、牛は飼料を消化しきるのに三、四日もかかるそうです。各食品に含まれる栄養素ごと、必要最小量をクリアーするように組み合わせて摂れば、ほどよい分量で満足感が得られますし、その後の代謝でも余分な負担が減るので一石二鳥です。このバランスの妙は栄養士さんの腕の見せ所の一つでもあります。

ヒトは自然条件が許す限り、おなじみの米・小麦などの穀類、イモ、トウモロコシなどといった糖質を主食にしています。ほぼ全身で必需なのがブドウ糖であり、それは糖質から得るのが近道であること、加えて入手の容易さと保存が効く点でも他の二者を圧倒していると気付いたからでしょうか。

余談ですが、子どもの頃読んだ本に、どの国だったか、寺院などが現在の病院の機能も果たしていたその昔、病人だけに与えるため、敷地内でブドウが栽培されていたとありました。すぐエネルギーに変われる栄養素を高濃度に含んでいることを、経験的に知っていた先人の知恵には驚かされます。

エネルギーを取り出す巧妙なしくみ

ブドウ糖代謝の後半は、回路（通過点の数では及びませんが、まるで山手線のよう）になっていて、ひと回りするごとに大きなエネルギーが得られます。この周回を繰り返すのです。マッチの炎ですと、激しく熱く燃える代わりにすぐ消えてしまいますね。

一方、体内では体温レベルにとどめ、多段階（山手線の各駅間）に分けて時間差でエネルギー通貨として回収するので、その効率はまるで神業です。角砂糖一個（四g＝一六cal）を口にすれば、ティーカップ一杯分（一六〇ml）の零度の紅茶を沸騰させるに必要なエネルギー（貯蔵も可能）が得られるのです。

エネルギーの貯蔵

ここからは、養分をどう蓄え、どう供給するかについてお話しします。

私たちは普段、糖質と脂質とをほぼ均等に消費し、同量を補っています。貯蔵エネルギーも、見込まれる消費に合わせているはずですね。図8―1は、絶食から八週間の栄養素別の減り具合です（滅多にやらせてもらえない研究ですョ）。

開始して数日で、もう炭水化物（グリコーゲン）がほとんどなくなっていますね。脂肪は一貫したペースで取り崩され、それも残り少なくなる五、六週からは、いよいよタンパク質（＝体）に手を付けざるを得なくなります。

グラフの右端は満八週ですが、よく水だけでここまで命を保てたものです。

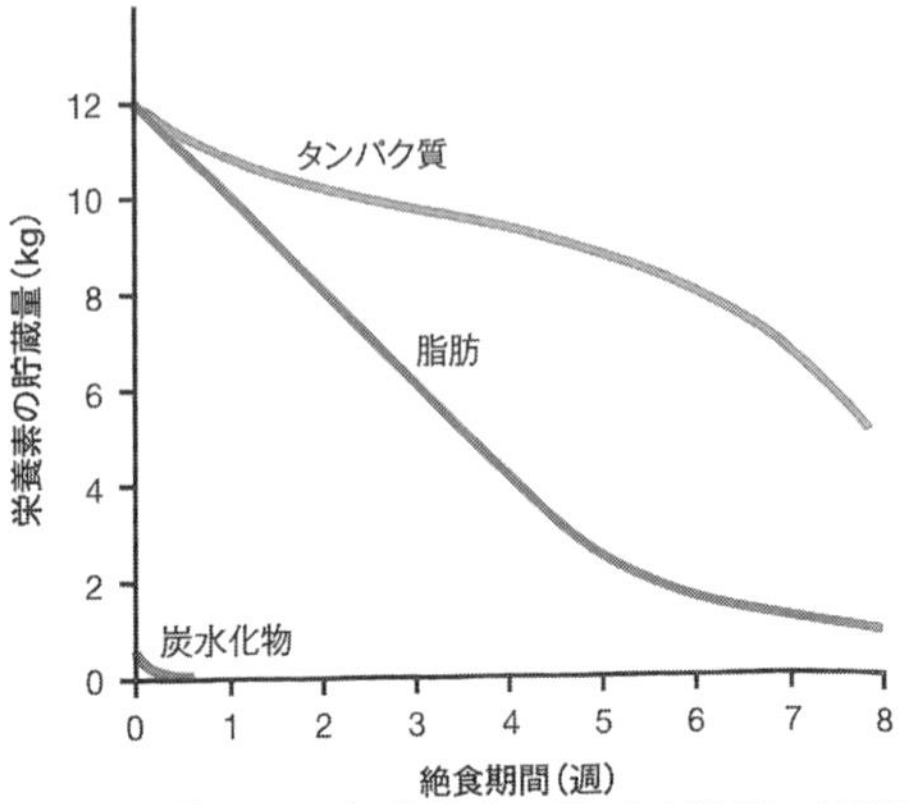

▨ 8-1 貯蔵された各栄養素に及ぼす飢餓の影響

各栄養素を、いつ、どうやって貯蔵したのでしょうか。そうです、吸収された養分が血液中にふんだんにある食後ですね。モニターが甘味や血糖の上昇を知るや、膵臓はインスリンの分泌を高めます。その働きにより、全身の細胞はブドウ糖を盛んに取り込み、肝臓と筋肉とはブドウ糖をグリコーゲンに変えて貯蔵、体脂肪やタンパク質は自らを増量します。こうした相乗効果で血糖は急上昇を避けつつ、やがて元のレベルに戻ります。

先述のインスリンは、食後二、三時間もすれば次の食事までは低レベルです。この間（体の活動強度にもよりますが）、ほとんどの細胞がブドウ糖を少ししか取り込めないのを尻目に、脳はインスリンと関係なしに出回るブドウ糖をほぼ独占します。

結果、重量は体重の二％ながら一日に供給されるブドウ糖の二〇％も消費するのです。仮に脳へブドウ糖が届かなくなれば秒単位でシャットダウン。驚くなかれ、それで首から下はひたすら脳へご奉仕しているのです。

血糖を一定に保つしくみ

健診でおなじみの血糖値ですが、空腹時は血漿《けっしょう》（血液から赤血球などの粒を除いたもの）一ℓあたり約一g（コーラの糖分のざっと百分の一）と実に低いのです。こんなに水っぽいのによく動けるものですね！　それが、食事から三時間ほどを除けば、〇・七〜一・一g／ℓと極めて狭い範囲内に収まっているのです。それもそのはず、血糖値が正常範囲から外れかけると自律神経とホルモンとが協働して元に戻すのです。車や自転車を車線からはみ出さないよう運転するのと似ていますね。ブドウ糖を絶やすことなく、一定のレベルで全身に行き渡らせるしくみのお陰で、私たちは食事以外の時間を人間らしい活動や休養に充《あ》てられるのです。実は、体内では何もかもが、このような調節で一定の範囲内に保たれています。逆に、一層あおるしくみもありますがそれはごくわずかで、私は排卵と出産の二つしか知りません。

血糖が高い時の対応は既にお話ししましたね。ここからは下がり過ぎを防ぐお話です。こちらは緊急かつ重要ですので、神様も何重にも対策を施しています。

低血糖になると一連の独特の症状が見られます。一つは脳の機能低下によるものです。会話があいまいになったり、計算間違いをしたりします。いよいよ低下すると意識を失うので命に関わります。

もう一つは、血糖を上げるホルモンが持つ別の作用によるものです。いらだち、全身の震え、動悸、冷や汗などです。感情が抑えにくくなっていて、とてもキレやすいのです。お腹がすいた時のイライラ……、おわかりかと思います（苦笑）。どれも困りものに思えますが、医学による解明を待つ前から当人は経験的に〝それと知る〟のですから、危険回避のための有難い合図とも言えます。こうなったら大事な用件の最中でも続きは後回し、タイムアウトを取りましょう。立場に似合わぬ失態をやらかしたり、商談で初歩的なミスを犯すより遥かにマシです。覚醒していれば甘いものを口に放り込み、それでも足りなければ食事にしましょう。

血糖を上げるのは自律神経と内分泌腺との協働です。この作用を持つホルモンは少なくとも五種類あり、そのうち主力は膵臓と副腎から分泌されます。筋肉には肝臓の二、三倍のグリコーゲンがありながら、飢餓でもない限り他に分けてやったりはしません。身勝手なようですが、それは不意に必要になる場合があるのと、使う場所に貯めておくのが合理的だからでしょうか。神様はうまくお考えですよね。

ヒトといえども、採取や狩猟以外に食料を得るすべがなかった時代が長く続きました。一部の恵まれた人びとを除き人類のほとんどは日常的にお腹を空かせていたでしょうから、インスリンの急で大掛かりな出動はうんと少なかったと考えられます。事実、インスリンを分泌する器官はただ一つ、膵臓だけです。

ところが、現代人は食べ過ぎが日常といっても過言ではありません。おまけに食事時以外にも、誘惑に負けてスイーツなどをたびたび口にしますね。このため予定外の血糖の急上昇が日に何度もあり、そのたびに膵臓は鞭打たれてインスリンを追加分泌せねばならないのです。学校生活にたとえれば、体育とクラブ活動の時間以外に何度もダッシュさせられているようなもので、これではスポーツ選手でさえ早々に疲れ果ててしまいますね。案の定、中年あたりでインスリンの出が悪くなり、おまけに肥満ならそこから出る物質がインスリンの働きを邪魔するので、ついに糖尿病を発症します。糖尿病という病名からは、その怖さがピンとこないもののとても深刻です。そのお話は他の情報源に譲ります。

自然界には栄養素の極端な不足が生じにくいよう配分された食材があり、体内では三大栄養素の相互移行、貯蔵、過不足の調整といった代謝の妙がありました。必要なエネルギーが片時も途切れることなく届けられる巧みなしくみのお陰で、寝ていても安心、そして起きている間は人間らしく〝陽気ぐらし〟にあてられるのでしたね（食べてバッカリでは親神様もガッカリ。笑）。

母乳は完全食

この世に出た赤ちゃんは、衣食をはじめとするお世話を受けない限り、まだまだ一人では生きていけません。ではそのうちの〝食〟とは？　そう、哺乳類という名が表している通り母乳です。その母乳がいかに素晴らしいかを次に挙げてみましょう。

まず、母乳は栄養のバランスが良く、さまざまな意味で赤ちゃんにとって理想的な組成となっていることから発育には打ってつけで、神経の発達を促進する効果も大です。タンパク質は、大きく分けて乳清タンパク（上澄み部分でホエイとも言います）とカゼインからなっていますが、乳清タンパクの割合は母乳で八割、粉ミルクだと六割ほどです。カゼインは分解されにくいですが、乳清タンパクは胃酸が作用しても固まらないので消化・吸収が容易で、利用率も優れているのです。このため下痢の時ですらも飲み続けることができます。これならお腹を壊したとしても、母乳さえあれば安心というわけです。

糖質は、母乳も人工乳も乳糖が主体ですが、母乳に含まれるヒトミルクオリゴ糖は腸の発育を促す点で圧倒的に優れています。早産児（＝未熟児）は消化管も未熟ですが、生後はなるべく早く腸を使った方が良いとされています。オリゴ糖が豊富な母乳なら安心して飲むことができますし、驚いたことに低体重早産児を産んだときの母乳には、低体重早産児に必要な栄養素が多く含まれているのだそうです。考えてみれば、未熟であったり下痢をしている乳児は大昔からどこにでもいたでしょうから、神様はあらかじめ、母乳の成分に工夫を凝らしていたというわけですね。

また、栄養と同じくらい大事なことは、腸にとって必須の細菌であるビフィズス菌を増殖させる作用があるということです。それが先に登場したヒトミルクオリゴ糖で、小腸で消化されずに大腸まで達するお陰で、ビフィズス菌が好んで養分にします。母乳には初めからこのヒトミルクオリゴ糖が含まれているので、母乳栄養の赤ちゃんの腸内ではこの菌が優勢を保てるという訳です。

ところで、生まれたての赤ちゃんの腸には細菌がほとんどいません。では、必須のビフィズス菌はどこから来るかというと、うまい具合に女性がお母さんになるずっと以前から将来産道となるべき場所に住みついているのです。そして、出産の時初めて赤ちゃんと接触し、以後は赤ちゃんの腸内に入り込んで、母乳を餌としながら急

速に仲間を増やし、腸内の〝最大派閥〟として赤ちゃんと共生します。このビフィズス菌が作る乳酸や酢酸を病原菌は苦手としています。それで、悪い微生物が腸内に入り込む隙を与えません。一方、人工乳で育てられた赤ちゃんの腸では、ビフィズス菌が優勢ではあるものの、その割合が低い分、その分成人と同じ大腸菌が割合を増して増殖しています。ところが、こちらの菌群がまれに血液中に入って感染症を引き起こしたりするのです。そこで、最近の人工乳は、母乳にならって乳酸菌やビフィズス菌が増殖しやすいように改良されています。

それから、母乳には赤ちゃんが病気にかかりにくくなるという利点もあります。ご存じの通り、お母さんからはへその緒を通してさまざまな抗体を受け取っていますが、母乳には抗体やリンパ球、ラクトフェリンという感染防御因子などの免疫物質が豊富に含まれているので、各種の感染症（ざっと挙げるだけでも、気道感染症、消化器系感染症、中耳炎、尿路感染症、敗血症）に対する予防効果があります。おもしろいことに、これらの免疫物質は〝初乳〟と言って、出始めからおよそ一週間の黄色味を帯びた母乳に特に多く含まれるそうです。

ユニセフによると、半年以上母乳だけで栄養された子は、人工栄養だけの子に比べて、肺炎にかかる率が三〇分の一だそうです。その上、予防接種を受けた時の免疫反応を高める作用があるので、同じ痛い思いをしても、感染症予防の効果が大きくて長続きしやすいというわけです。

他にも、小児ガン、未熟児網膜症、生活習慣病といった疾患に対する予防効果があるのだそうで、母乳栄養児はお腹の具合が良いだけでなく、病気にかかりにくいのでスクスク育ち、夜もスヤスヤ眠るので夜泣きも少ないそうです。

さらに、乳タンパクが人から作られているということや、ヒトのアルブミンに非常に近くて、サイズもうんと小さいことから、母乳には抗原性がないので、半年ほどは母乳に限って与えることで、その子の将来のアレルギー疾患のリスクが減るという報告もあります。

二十一世紀の今でも、母乳には未知の栄養素が多く含まれていると言われるほどなので、栄養学や免疫学がどんなに進歩しても、母乳の成分とその作用を、すべて明らかにすることは難しいのではないでしょうか。

赤ちゃんが欲しがるだけ与えるには、授乳するときに時間や気持ちのゆとりが必要ですね。実は、この〝出し切る〟ということが神経の発育にも良いそうで、母乳成分のうち脂質については、赤ちゃんが吸って残り少なくなるにつれてその濃度が増すことがわかっています。脂質は神経細胞が作られる際に特に必要とされるので、赤ちゃんの脳の発育に良いというわけです。さらに、母体は赤ちゃんが飲んだ量をどこかで記憶していて、それに見合う量のお乳を貯めるそうで、欲しい分量がそのまま出し切った量ということにもなります。成長に伴って飲む量が増えるのにどう対応するかですが、空になっても赤ちゃんが吸い続ければ、乳汁の生成・分泌を促す〝プロラクチン〟というホルモンが乳腺を刺激し、乳汁が増産されるというしくみがあります。

また、赤ちゃん自身の体づくりに役立っていることもあるかもしれません。これは明治生まれの祖母から聞いたことですが、「赤ん坊はいっぱい汗をかきながらお乳を飲む」そうです。母乳を吸うのもある程度の力が必要だということでしょうか。母親の乳首から飲むためには、舌を巻き舌にして乳首を取り囲み、頬をすぼめながら力を入れて吸わなければなりません。人工乳首のように初めから自然にこぼれ出てはくれないので、頑張らないとありつけないですからね（笑）。そうすることで骨や歯、筋肉の正常な発育を促すので、口や顎の形、歯並びも自然とよくなるのです。母乳しか飲んだことがない赤ちゃんは、初めて人工乳首でミルクを与えられると、飲み方がわからず戸惑うそうです。

ところで、授乳することは母体の回復を早めることとも関係があるのです。乳首を吸われることにより分泌が高まる〝オキシトシン〟というホルモン、分娩のくだりで一度お話ししましたね。これは、射乳と精神安定作用に加えて子宮収縮作用もあるので、分娩後の子宮や産道からの分泌物である悪露《おろ》の排泄も促されます。

先に乳汁分泌のくだりでお話しした〝プロラクチン〟には、月経を再開させない作用もあるので、次の妊娠を先延ばしして母体を休ませてくれます。お乳をやっていると次の子どもが宿るのが遅れることは、昔から経験で知られていたことではありますが、出産から排卵が再開するまでの期間について調べた研究によると、粉ミルクだと二～四カ月なのに対し、母乳の場合は六～十カ月後になるそうです。

回復といえば、お母さんにとって妊娠中に増えた体重、これをどうやって元に戻すかが悩ましいですよね。でも母乳だったら、与えた母乳のカロリーに相当する分は、自然の法則でそのままダイエットされます。赤ちゃんの体重が三kgなら、一日に三〇〇kcal、三カ月経つと倍の六〇〇kcalを持っていってもらえる計算です（笑）。ちなみに、六〇〇kcalは、軽食なら一食分、ウォーキングなら四時間、体操でも二時間に相当するので、母乳を与えることでダイエットや運動の苦労が省けるというわけです。

以前に、仙田会長からお借りした書籍にも、確か母乳に関する教祖の逸話がありました。教祖自ら、物乞いに来た貧困者の連れている乳飲み子に自分の乳房を含ませたり、隣家の赤ちゃんを母乳で育てた話（『稿本天理教教祖伝』第二章生い立ち）とか、ある女性信者に、母乳を与えることは大きなおたすけになると説く逸話（『稿本天理教教祖伝逸話篇』八六「大きなたすけ」）など、母乳がいかに大切であるかがちゃんと説かれていました。

生命の誕生はいつの時点か？

◇仙田　出産は、新たな命の門出となる、目出度くうれしい瞬間です。生まれてきた赤ちゃんが、末永く健康で、長寿であってほしいとは、親なら誰もが願うことです。

その誕生に関わることですが、人の年齢（満年齢）は、出産の時を基準にしてカウントされます。しかし、赤ちゃんの命はお母さんのお腹に受精卵が宿った時から、すでにさまざまな営みが始まっています。その意味からすれば、人の命の始まりは、受精した瞬間からカウントすることが妥当なようにも思います。

その点について二代真柱様は、教典の第三章「元の理」に記されている、宿し込みと産みおろしのくだりにふれて、人間の命の始まりは、宿し込まれる時ではないかという考えを示されています（中山正善『天理教教典講話』87～88頁）。


次に、宿し込みと、産みおろしであります。よくぢばの場合には通俗的に、生まれ故郷とも言うが、よく考えると三日三夜かかって宿し込んだという、三年三月留まったということがぢばの所以であり、やしきの立場であります。産みおろされたのは、最初の場合は奈良初瀬七里の間、残る大和、あるいは河内、伊賀というような場所を指定されて、子供が生まれてくるのであります。ですから、恐らく我々人間の命の初まりというものは、我々には分かりにくいかも知れませんが、宿し込まれる時に我々の生命の初まりがあるのではないか。我々は分からないから誕生ということを言っております。事実法律上の命ではなくして、我々人間としての生命からすれば、宿る時に我々の生命が始まる。ただ我々には、神ならぬ身に何《い》時《っ》だということが分からないために、母体から分離した時に、十カ月の母胎内の生活を加えて考えると大体生命の長さに似てくるようになるのであります。従って、生命が始まってから何年目というのは、我々の計算にはのってきますが、生命の数え方は、数え年でゆく方が真に近い。満よりも数え年の方がそれに近いという気持を抱いているのであります。

このように二代真柱様は、人間の命の始まりは、我々には日時を特定することは難しいながらも、宿し込まれる時なのではないかという見解を示しておられます。そこで、誕生日から約十カ月遡った日が、本来の生命の誕生からの長さに似てくるわけで、「生命の数え方は、数え年でゆく方が真に近い」と述べておられます。

この本が上梓されたのが昭和二十四年ですから、今から七十年以上も前のことです。その当時は、医学も今のように進歩していなかったでしょう。そんな中、人の年齢に関する事柄を、元の理のお話に基づいて言及しているこの見解は、まさに慧眼《けいがん》だと言わざるを得ません。

をびや三神ということ

ところで、私が中学生の頃だったと思うのですが、祖父から「をびや三神」という話を聞いたことがありました。「をびや」とは、『天理教事典　第三版』の「おびや許し」(136頁)の項目で、次のように解説されています。

「をびや」は帯屋と書かれることがあるが、「うぶや」（産屋）の転訛《てんか》した語形である。民俗的には「うぶや」は産婦のお産（出産）のための忌（いみ）の期間、すなわち21日ないし75日間、別火（べっぴ）の生活を送る所、産室のことであり、出産のため別小屋を設ける所もある。またこの忌の期間を「をびや」と呼ぶ所もある。

この解説からは、「をびや」は元々、場所や時間を指す言葉だったようですが、そこから転じて、天理教では「出産」全般に関する語として用いられています。

さて、祖父の「をびや三神」の話とは、命の誕生の瞬間である出産時には、くにさづちのみこと、たいしよく天のみこと、をふとのべのみことのお働きが、特に欠かせない大切なものだという内容だったと思います。しかし当時の私は、理科の時間に教わった知識が身に付いていたので、祖父の話の象徴的な内容がよく理解できませんでした。

実はこの説き分けは、『信者の栞』にも次のように記されています。

そこで、人間生れる時「たいしよく天のみこと」は親子の胎縁を切る御守護、「をふとのべのみこと」は引出しの御守護、生れた後は、「くにさづちのみこと」は元々通りあとじまいの御守護。この御守護の理により子を生まして頂く事が出来るので御座います。

赤ちゃんがこの世に生まれてくる時、子宮から胎盤が剥がれ産道から引き出されてきます。その後、母子の命を守るために、胎盤が剥がれた子宮や、赤ちゃんのへその緒の止血をはじめとする、後仕舞のための働きを、平易な言葉で表していると言えましょう。この一連の過程について、三宅医師から医学や生理学の知見に基づいて解説してもらったことで、半世紀も前に聞いた祖父の話の内容がやっと理解できた気がします。

さて、この出産について諸井慶一郎先生（既出）は、前掲書『天理教教理大要』の中で、次のように述べられています。

をびや三神、切って引き出しあとつなぎで産という、との仰せであります。身体の細胞の新陳代謝や、物質の生産消費には、この三柱のお働きが密接に関わっているのであります。（151頁）

ここでは、この三柱のお働きが出産の時だけでなく、身体のあらゆる細胞の新陳代謝についても、また体内で起こっているさまざまな物質の生産消費に関しても、必要不可欠なものであることを指摘されています。

さらに、別席順序を運び、おさづけの理拝戴に至るまでの一連の事柄についても、次のように言及されています。

おぢばへ帰らせて頂いて、別席順序をはこんで、おさづけの理を戴くのは、生きながら魂の生まれかわりをさせて貰うようなものであります。そこで別席順序の理を、産み出しになぞらえて申すこともできるのであります。
九度の席を運んで満席になるのは、教祖の胎内で、即ち教祖の真実の教えの内で、お育て頂くのであって、いよいよ臨月になって産み出して頂くのが、おさづけの理を頂く本席の場である。そこに取次が三名付くのは、をびや三神の理で、そのあと仮席があるが、これは後産の理である。おさしづでそう仰しゃったわけではありませんが、先人達はこのように悟り諭して来たのであります。（356頁）
このように、お道の先人は、おさづけの理の拝戴にあたっても、出産の時の親神様の守護にたとえて悟り、諭してきた歴史があることを指摘しています。

第九章 〜 いざなぎ・いざなみのみこと

いざなぎのみこと　男雛型・種の理。
いざなみのみこと　女雛型・苗代の理。

◇仙田　親神様は、人間世界をお創りになるに際し、まず「人間が互いにたすけ合って、陽気ぐらしをするのを見て親神もともに楽しみたい」という将来展望をイメージされました。その上で、最初に取りかかられたのは、夫婦の雛型を拵えることでありました。「いざなぎのみこと」および「いざなみのみこと」という神名がつけられているのは、この元初まりにおける男女の雛型（原型・モデル）を造るお働きであると言えましょう。

さて、何事においても新しいものを創ろうとする場合、まず「基本となる形」が決まらないと話は先へ進みません。そこで親神様は、最初から一種類の人間を造ろうとしたのではなく、〝男〟と〝女〟という、それぞれ異なる機能と役割を持つ二つの性をお造りになりました。この男女がやがて夫婦となり、子孫を残すための生殖細胞（人体を形作り、維持する体細胞とは異なり、減《げん》数分裂《すうぶんれつ》という特殊な分裂・分化をします）を出し合って次世代を生きる子どもを生みます。

生まれてくる赤ちゃんが男か女かは、卵子と精子が融合した瞬間に二十三対目の遺伝子である「性染色体」によって決まり、母体で成長する間に胎児が男性ホルモンの影響を受けた場合のみ、内性器・外性器とも男性として形成されます。その過程は、まさに神秘の世界と言えます。

お道の教えでは、〝夫婦〟という関係を非常に大切な原理、原則としてお教えいただきますが、それは単に、倫理・道徳上の規準として提唱しているのではなく、人間創造の時のお話に由来する根本教理で、この「夫婦の一手一つの働き」が、今を生きる私たちにとっても、幸せな家庭を築く始まりであり、世の治まりの土台になる大切な理のお話なのです。

また、男は「種の理」、女は「苗代の理」と教えられますが、それは、私たちの体のしくみや働きの中に、どのように反映されているのでしょうか？

選び抜かれた卵子

◆三宅　まずは、新しい命を宿す立役者〝卵子〟のお話をします。

お母さんのお腹の中で、女の赤ちゃんになろうと育つ命は、受精後、早くも二十週目（自分自身がまだ赤ちゃんの形にほど遠い時です）には、自分が将来、赤ちゃんを産むための卵子の元を数百万個も持っています。

ところが、その後は選抜に次ぐ選抜で、誕生時にはおよそ百万個、月経のはじまる思春期前までには元の十分の一の二十〜四十万個にまで減少します。そして、正常な周期を持つ女性なら、その後ほぼ四週間ごとに一個、赤ちゃんになるチャンスを与えられた卵子がエントリー（排卵）しますが、このペースですと、生涯を通じて排卵される卵子は、せいぜい五百個でしかありません。当初準備されていた卵子の数から計算すると、一万分の一という信じられない低さです（受験や就活の競争倍率どころではありませんね！）。この世に生まれ出たことに、お互い改めて感謝しようではありませんか。

それにしても、ほとんどが捨てられるとわかっていて、どうしてこんなにもたくさん用意しておくのでしょうか。神様にすれば、まずは母数を大きくしておいて、そこから優れたものを取り出す方が理にかなっているのでしょうか。

こうして卵子は、思春期までの知らないうちに、神様から選びに選び抜かれているわけです。次世代の命の準備の段階で、すでにこの世への誕生を目指す熾烈《しれつ》な戦いが起きていたわけですから、卵子にしてみれば「競争を勝ち抜いてきた」と言ってもいいでしょう。

人は誰しも、その人ならではの良さをもって生まれるのだと思います。学科の成績という、実に狭小《きょうしょう》な能力だけを取り上げて、人を格付けする現代の風潮は何とかならないものでしょうか。

天文学的な数字としか言いようのない確率で、この世に出て来られた皆さんですから、一人ひとり皆、神様から何らかの役割を与えられていないはずがない、と考えるのが正当だと思います。ご自身に、そしてお子さんに、どうか誇りをお持ちください。

ところで、卵子を準備するタイミングは、「生まれてくる女性の命が母のお腹に宿って間もない頃」とお話ししました（学生時代にもそう習いました）。ということは、あなたの元になった卵子は、あなたのお母さんがお婆ちゃんのお腹に宿って間もない時期、すでに〝個〟として、お母さんのお腹の中で準備されていたのです。つまりはるか以前、あなたはすでにお婆ちゃんのお腹の中にいたわけです（正確には母方の）。不思議でしょう。今まで考えたことはおありだったでしょうか？（笑）。

どんなに優れた人も、すべて女性のお腹から生まれます。それが、二世代も前から長らくお邪魔をし、苦しい思いをさせてまでこの世に生を受けたのですから。男性の皆さん、つくづく女性には頭が上がりませんね（……お母さん、私を生んでくれてありがとう）。

胎内で進化の歴史をたどる

私たち人間は、生物の進化の最先端にいるとされていますが、両親から受け継いだ受精卵が赤ちゃんになるまでには、どのような変化をたどるのでしょうか。ゴマ粒ぐらいしかない命の時から、皆さんは人のミニチュア版として大きく成長してきたのでしょうか？　いえいえ、実はそうではありません。受精卵が赤ちゃんになるまでには、水中でしか暮らせなかった何億年も前の時代から、現在までの進化の過程をもう一度たどるというのです。

つまり、はじめから小さな〝人間の形〟をしているわけではなく、発生の系統をはじめからおさらいするので、実にいろいろな生き物の姿、形を経つつ、次第に人間らしくなってから生まれるのです。これを発生学では「個体発生は系統発生をくり返す」という言葉で表しています。どんな美男美女も、さすがに誕生の時点ではそうは見えなかったことと思います。では、それをさかのぼればどんな進み具合だったのでしょうか。

この発生では、三木成夫《しげお》医師（東京大学、東京医科歯科大学を経て東京芸術大学教授）の『内臓とこころ』（河出文庫）や、NHK『驚異の小宇宙　人体』から引用しつつお話しします。

人が重要な器官のほとんどを完成させ、ようやく人らしくなるのは、受精卵から二カ月になる頃とされていますが、その形づくりの期間の中でも、進化の記憶をもう一度たどる変化を見せるのが、三十二日目（受胎一カ月後）からの一週間です。レトロな形が次々に現れては「消え」、進化の歴史をくり返していきます。三十二日目の顔は、まるで古代の魚類です。首にあたる部分には一列の裂《さ》け目があり、まさに魚のエラにあたると考えられています。筆者の顔もそうですが、

「エラの張った人」という表現は今でもありますね（笑）。三十四日目の顔は、両生類（カエルが代表）の面影《おもかげ》があります。手の親指と人差し指の間に、わずかに切れ込みが入ります。両目は、まだ真横を向いたままで、鼻と口が通じています。三十六日目になると、爬虫類の顔です。両目が少しだけ正面に移動しています。尻尾もあります。三十八日目にして哺乳類の面影が現れます。エラはすでに消え、目が正面を向き、鼻が左右から合わさって一体となり、顔の真ん中で両眼に挟まれる幅広の高まりとなります。四十日目、やっとヒトと呼べる顔になります。そして小さかった頭は、いつのまにか両目の上に額（＝おでこ）とともに大きく張り出して、いかにも人であることを示しています。この一連の変化を生物的に表現すれば、個体発生は系統発生をなぞる、となります。それにしても、四億年の進化をもう一度たどることも、それがわずか一週間で進むことも、ともに驚きではありませんか！

こうした過程を見て気づくことは、進化を遂げる形づくりにおいて、前の古い形の細胞群が絶妙なタイミングで消えてくれていることです。細胞は不要となる時期に達すると、自分からスムーズに消滅し、次に必要な細胞の出番となるわけですが、神様は、これをあらかじめ寸分の狂いもなく、調節できるしくみを与えてくれているわけですね。

先ほど、指の間の切れ込みについて触れましたが、カエルが手足の指を広げた形を思い出して、皆さんの指と比べてみましょう。そうです、違いの一つは水かきですね。人の手も最初は指がなく、丸いお餅というか、ドラえもんの手を平たくしたような形なのですが、いつしか指と指の間にくぼみができます。指先の方からくぼみは次第に切れ込みに変わり、途中では、もみじ饅頭みたいな形となります。これではまだ器用に動けそうにないでしょう？ でも、最終的には指の根元まで切れ込みが入り、ほっそりとした五本の指が完成します。お気付きの通り、この過程では、指と指の間にあった細胞群（切れ込みの縁から本来の根元まで＝水かき）が消えていきます（もちろんリサイクルされたでしょうから、その点はご安心ください　笑）。

〝アポトーシス〟という言葉をご存じかと思います。生物を構成する細胞が、自分の役目を終えたり不要になったりすると、自ら消えていく現象です。個体をより良い状態に保つために、プログラミングされた積極的な消え去りですね。皆さんの中で、尻尾が生えている人はいますか（そんなわけないですよね）。ご存じの通り、お尻の割れ目の一番上にある硬い出っ張り、その名も尾てい骨と言いますが、命が宿る最初の頃は確かにここに尾があるのです。勾玉《まがたま》の細い方の端の形に似ていますが、それが消えたのも同じくアポトーシスによります。アポトーシスでは消えてしまいますが、完全には消えず痕跡《こんせき》として残る場合もあります。

生殖器は元々男女とも同じだった！

男性と女性、それぞれの生殖（＝次の世代の命を生み出すこと）に関わる器官は、まるっきり異なりますが、実は元々同じだったと知ったら皆さん驚くでしょうか？

生殖器は、もともと両方の形を有しているのですが、やがて共通する部分以外は、どちらか一方だけを残して他方は消え去り、残った部分が発達します（図9―1）。

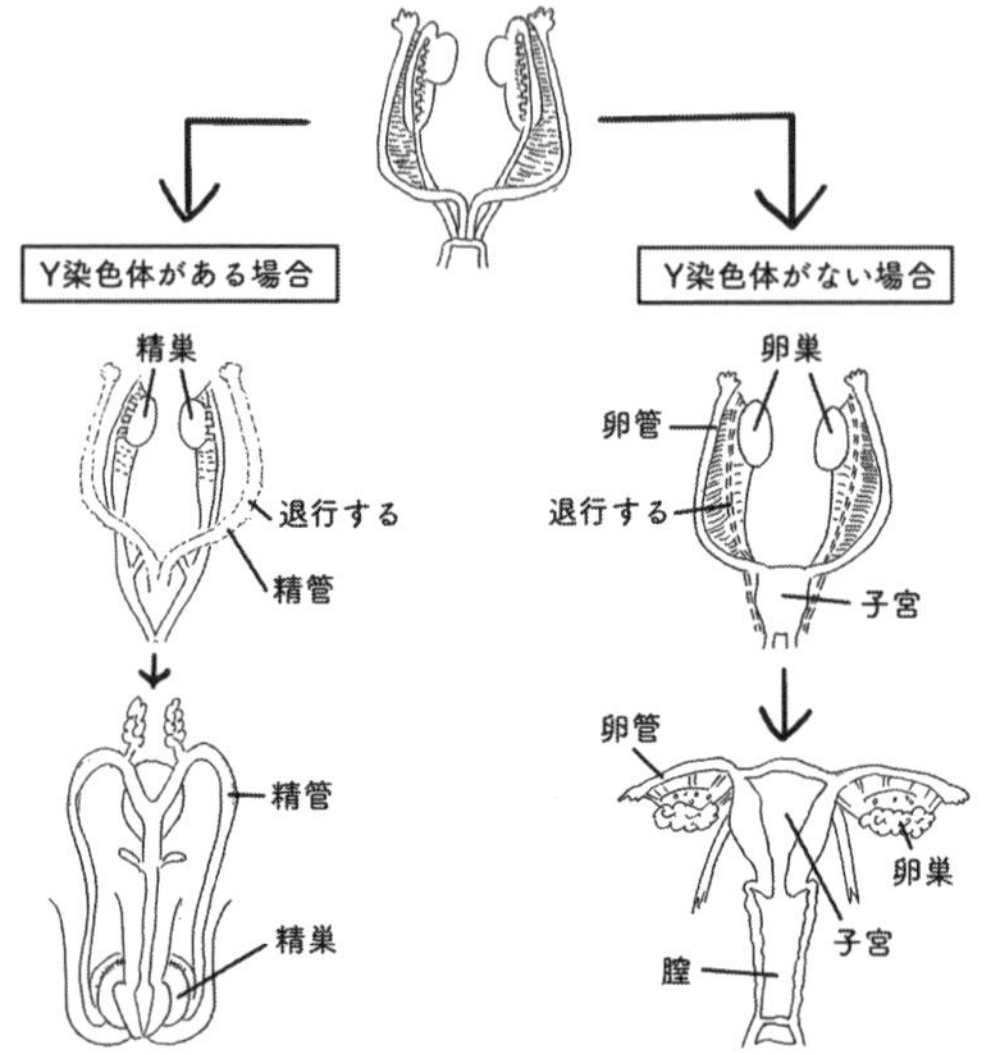

▧ 9-1 生殖器の発達段階

人の発生初期、下腹の内部には角《つの》のような形をした管が、正中線（体の中央を縦にまっすぐ通る線）をはさんで二対あります。一対はYの字型（よく見ると縦の部分は二本の管が並んでいます）、もう一対はVの字型（よく見ると一番下がやや離れています）で、このV字の離れた隙間にY字の一番下が入り込んでいるのです。

そして今度は上の方、V字の角の先っぽのすぐ内側には、やはり一個ずつ豆のようなものが接していますこの形はちょうど、お箸の先を広げて持ち、それぞれの先っちょの内側に一個ずつの納豆の粒をくっつけたような形（笑）です。胎児からすると、Y字の角が前（おへそ側）で、V字の角はそのすぐ後ろ（背中側）です。Y字の角先は、豆がくっついているV字の角先のさらに外側に伸びています（この豆が将来何になるかピンと来たかと。そしてそれに気づいたなら、この角の形をした管が男女それぞれ何になるかもご想像できたのではないでしょうか。Y字とV字とでは性が異なるのですから、将来の役割や名称も異なってくるのですが……）。

さて、ここまでは男女ともまったく同じでした。ここから女性になる場合は、Y字型だけを発達させつつ、V字型は次第に消えます。男性になる場合はその反対です。いずれの場合も豆は残ります。どちらかが消えないことには、完全な女性（あるいは男性）になれないのですから、ここでの切る＝消えるは、決定的に重要ですね。

ここからは、残った方がどう発達するかについてお話しします。

まず、女性になる場合は、Y字型の縦の部分に相当する二本の管が合わさって一本となります。そして、合わさった部分のおおよそ上半分は丸く膨らみ、壁の厚みもうんと増して子宮になります。下半分は、赤ちゃんが生まれる際に子宮から外界へ出るための道（産道）になります。丸い膨らみから左右斜め上方に伸びる管（Y字の斜めの部分）は太さを増し、卵子を子宮へと導く管、卵管になります。その先端はイソギンチャクの触手のような形に変化し、卵子が放出されるとすぐキャッチするのです。几帳面にも二十八日ごと（正確には左右が交互に）のお勤めです。その後、卵子は卵管をゆるりゆるりと降りてきます。

一方、V字の方はどうなるのでしょうか。箸先には納豆がネバネバとくっついているようだとお話ししました。納豆を引っ張ると何本も糸を引きますが、実は、この豆と本体の管との間も何本もの細い管でつながっているのです。ご推察の通り、豆は将来睾丸になるべく、V字の管（精管）によって下へ下へと引っぱられ、産まれるまでには、お腹の外へ出ます。

ちょっと脱線しますが、あえてお腹に格納しないのには、精子の量と質に関係があります。つまり、体温と同じ摂氏三十七度ではなく、それよりも三度ほど低い温度が、精子の産生と保存に最適だからです。脱線ついでに、男の子なら睾丸の入っている袋の表面がシワシワであることを知っていますね。これは空冷式エンジン表面のフィンと同じく、表面積を広げて熱を放出することで、睾丸の温度が上がるのを防ぐためです。

性別があるわけ

これまで見てきたことをふり返れば、この一瞬一瞬にも、私たちの体の中では、休むことのない親神様のお働きがあることがわかりましたね。科学と宗教とは、行き着く先が同じと言われますので、天理教の教理の中に、医学・生理学研究のテーマをいくらでも見つけることができるかもしれません。

そもそも、なぜ性別があり、それに基づく性差（役割の違い）があるのでしょうか。男女とも同じヒトですので、構造と機能の性差を別にすれば、基本的には共通する部分が大半であるはずです。研究者の間では、特に脳における性差の有無について論争が続いています。が、それはともかく皆さんもお気づきのように、各々を集団で見た場合、性質や考え方、能力（得意とすること）などの点で、男女それぞれの〝らしさ〟が見られます。

性別の意味について言えば、「無性生殖」（雄雌の区別がない。単細胞である微生物や、お芋、キノコ、イチゴなど一部の植物が当てはまります）から「有性生殖」へ切り換えた神の目的は何でしょうか。どのような意図があったのでしょうか。

まず、生き物の使命は〝個体の保存と種の保存〟でしたね。自身が生き延びることと子孫を残すことです。そこで出てくる疑問は、「ただ子孫を殖やすだけなら、いつでも自分の都合だけで次世代を産み出せる単性生殖の方が有利ではないか」ということです。有性生殖の場合、まず両性が出会わなければ成り立たないのですから、個体数がうんと少ない種なら、異性を見つけ出すのさえ容易ではありません。

次に、雌は相手を選ぶ性であり、昆虫といえどもその性向が認められます。なぜなら、子孫を残すにあたって、雌は雄とは比較にならないほど〝莫大な投資（労力とリスクの負担）〟が必要な上、高等動物になるほど雌は産める子の数がおのずと制限されるからです（それに対し、雄はほとんどの種が、せいぜい子育ての負担どまりです）。女性は月ごとの受胎の準備にはじまり、子を身ごもれば長期間、自らに犠牲を強いながらその体内で大きく育て、月が満ちれば命の危険を冒《おか》して出産、生まれれば今度は授乳をはじめ育児の一切を引き受け、さらに子が自立するまで二十年前後も何かと世話を焼かねばなりません。その間、子の父親は必ずしも養育の義務を全うするとは限りません。そのため、生殖行為のスタートラインといえる異性選びでは、ほとんどの種で雌が〝選ぶ〟性、雄は〝選ばれる〟性となっています。雄が自分の遺伝子を残せるか否かは雌の受け入れ次第であり、その機会の多寡《たか》が残せる子の数に関わるだけに（男は数で、女は質で勝負するとはある生物学者の言葉です）、雌から同意を得られるまでに熾烈な競争を強いられるのです。角突き合わすという言葉通り、野生の雄鹿は、雌を巡って勝負がつくまで激しく闘いますね。競うという点で、産む性からオーケーをいただくまでの〝険しくて長い道〟は、ヒトといえども例外ではありません（苦笑）。

女性にとっての生殖は、前段の理由から〝良い子を産み、まっとうに育てる〟ことが第一となります。人は家族で暮らしますから、それには相手が安心できる人かどうか（自分と生まれてくる子とを託せるか）が条件です。婚活では、あくまで現実路線を歩み、焦ることなくその点を冷静に見極めるのも無理からぬこと、これでは男性も気持ちを引き締めてかからないと〝書類選考〟の段階であえなく敗退してしまいますね。「十人十色」「世界に一つだけの花」ならば、誰の遺伝形質にも長所があり、それぞれの命の鎖をつないでいくことが望ましいのですが、神様は女性の選択眼に信頼を置き、選んでもらえた男性が子孫を残すのにふさわしいとお考えのようです。

神様が異性の獲得において、あえてこんな遠回りをさせるのはなぜでしょう？ ヒントは有性生殖をする種とそうでない種を大きく二つに分けて、総体で比較した場合の違いです。図鑑を見れば誰でも一目瞭然、進化の度合がまったく違います。もう説明しなくてもおわかりですね、雄性には競争を強い、雌性は良き雄性を選ぶ。さらに生殖という神秘の領域においては、長い目で見れば両性から遺伝情報の「良いとこ取り」をする。それによってより優れた子孫を残す戦略を編み出したわけです。これは同時に安全策でもあります。ここで言う〝安全〟とは「生物学的多様性」であり、その最大の恩恵が、疾病で種が壊滅的な打撃を受けるリスクがなくなったことです。とりわけ、進化の過程で最大の脅威であった感染症においては、病原体が何であれ、それに対する抵抗力を有する個体が必ずいて生き延びられるのですから。つまり、両性生殖は「個体の保存」と「種の保存」の双方にとって有利であったわけです。

生物学的多様性については、仙田会長も言及していますが、たった一組の男女から生まれる子のバリエーションだけでも、ほぼ無限といって過言ではありません。

人の染色体（二列で二十三番まであります）で計算しますと（実際には算出不可能ですので、目安の一つとして）、一人から考えられる生殖子（精子、卵子）は、いずれも二の二十三乗で約八百四十万通りあるので、子どもなら両親の数を掛け合わせて約七十兆通りとなります。これだけでなく、部分的な組み換え（紅白二本のかまぼこをそれぞれに輪切りにし、交互に盛り付けてだんだら模様とする様《さま》）も生じますので、それも加味すればいよいよ天文学的な数となります（まれには突然変異まで起きますし）。男性（雄）にとり、有性生殖ゆえの異性獲得競争は厳しくまた切ないながらも、人類全体からみれば、人を進化させる結果につながったというわけです。遺伝のしくみだけでも宇宙的な神秘性を感じますが、神様の知恵はどこまで深いのでしょうか。

ひながたについて

基本教理では「種」と「苗代」にたとえられています。文字通りに受け取れば、遺伝情報はすべて父親に属していることになりますよね。この点を仙田会長に尋ねたところ、「当時の大和地方は農耕が主体で信者さんの多くがお百姓であったため、あえて農事のたとえを用いて両性とも大切であることを諭されたのでは」とのことでした。するとこのたとえは、巷《ちまた》で言われる「種と畑」ではなく、種も苗代も、ともに遺伝形質と解釈するのが正しく、夫婦の雛形は同格であることになります。

元の理の記載によりますと、生物はその誕生から気の遠くなるような年月を経てようやく人になり、知恵から言葉を得て、さらに人らしくなるまでが語られています。そこには、『……泥海……、生まれ替わりを重ね、四寸まで……、虫、蝶、畜類など……生まれ替わりを経て、……めざるが一匹……、その胎に……人間が宿り……五分から生まれだんだんと……、五尺になったとき、……人間は陸上の生活を……。この間、水中の住居、……知恵の仕込み、……文字の仕込みをもって……』とあります。まことに簡潔な表現で、『生命が海中で誕生し、ある時から〝夫婦の雛形〟をとる種が現れ、そこから次第に進化を遂げて今の人となった』歴史を説いています。

太陽があって地球ができ、そして月ができ、それから海と地表が落ち着いて、地球に生命が誕生しました。女性は「日」と「火」に、男性は「月」と「水」にもたとえられています。そして日は母、月は父です。月は日より後でしょうけれど、単性生殖の時代は、雌＝母だけだったとも言えますから何も不思議はありません。両親がいて初めて命が宿りますが、卵子はそのおばあちゃんのお腹の中ですでに宿っていました。順序とタイミングの点でも、両親と子との関係に符合しています。天理教は少なく見積もっても太陽と月、地球の天文学、そして生物学における系統発生、両性生殖と進化との関係を言い当てています。

〝愛着〟という言葉がありますね。乳児が母の胸にお乳が出ようと出まいと吸い付いていることや、子がごく自然に表出する声や表情、しぐさなどに母親が一つ一つ受容する気持ちで応《こた》え、それをまた子が感じるというプロセス、これらは人になるための心の栄養と言われます。まさに「ぬくみ」と「つなぎ」ではないでしょうか。これらは成人後も続く、安定した対人関係の基礎となります。学者によると、生後六カ月までの子どもは、母親が（母が不在の場合はそれに代わる一人の女性が）絶対に必要で、それ以外の育ち方をしてしまったら、一生愛着ということを知らないままだそうです。この時期を過ぎれば、後から書き加えることも書き換えることもできないというだけに極めて大切な時期です。

月は父でしたね。夜空の月には透徹《とうてつ》した雰囲気があります。眺めていますと冷静な存在に思え、対象を静かに見守る姿勢、正当に評価する姿勢を感じます。教理には「目うるおい」とあります。この目で見たことならそのまま信じられるのであり、客観的な物事、ハッキリしていること、だれにとっても同じであるデータのようなものを重要視すると捉えられます。

子どもをさほど欲目なく見て、その能力を公平に正直に見極め、鍛えて伸ばし、強い指導力で世の中のルールを教え、自立を促すのでしょう。父親は子どもと遊んでいる時でも、知らず知らず子の能力を伸ばすような振る舞いをしているそうです。普段は子どもと顔を合わせず、対話もほとんどしない、というのも珍しくありませんが、それでもここぞという時は父親の出番です。

父母がともに安定した気持ちでそれぞれの長所を発揮し、一貫した愛情を子どもに注ぎ続けること、子どもを信頼し、子どもが喜ぶことを我がことのように喜ぶことが子を発達させるように、夫婦が力を合わせ、補い合って初めて、それぞれの役割を持ち、万全の効果を発揮するのでしょう。

神様の目的である〝個体の保存〟と〝種の保存〟、これらは言い換えれば「産み、育て、自立」の限りないくり返しです。多くの動物が群れて生きるように、人も元々は大家族で暮らしていたと言います。天理教の教えでは、夫婦が物種で、産まれ育った子どもらが皆、ひのきしんの精神で一人ひとりが得意とすることで存分に力を発揮して、それが傍を楽にする、互いにたすけ合う社会ですね。この教えをこれからも広め、陽気ぐらしの世の中がいつまでも続いていくよう、皆で力を合わせてまいりましょう。

なぜ地球で生物が誕生したのか

◇仙田　人類誕生のはるか前、地球で最初の生命はどのように誕生したのでしょう。

生物学者の小林武彦氏(東京大学定量生命科学研究所教授)は、著書『生物はなぜ死ぬのか』で、「なぜ地球で生物が誕生したかは、今でもわかっていません」と述べ、その理由として、生命誕生の瞬間を実際に見た人はいないし、再現実験で人工的に生物を作ることにもまだ成功していないので、現段階では多くの研究成果が仮説の域を超えないことを指摘しています。

生命が地球に誕生する確率を表すたとえとして、「二五mプールにバラバラに分解した腕時計の部品を沈め、ぐるぐるかき混ぜていたら自然に腕時計が完成し、しかも動き出す」確率に等しいと言われているそうです。そのくらい低い確率ですが、ゼロではなかったのです。

現時点での有力な仮説としては、化学反応が頻発する可能性に満ちた原始の地球で、何億年という長い時間をかけて、低い確率、というか偶然、というか奇跡が積み重なりました。そして何よりも、生産性と保存性の高いものが生き残る「正のスパイラル」が、限られた空間で常に起こり続けることで、偶然が必然となり、生命が誕生したというものです。

また、小林氏が一番大事だったと思うこととして、「太陽とのほどよい距離です。水や生物の材料となる有機物が凍ることなく、しかも燃えるほど熱すぎない、このほどよい温度が重要だったと思われます」という考えを述べておられます。

ヒトの最大寿命は百十五歳

次に、生物学の世界では、ヒトは最大何歳まで生きられると考えられているのでしょう。

明治、大正時代の平均寿命は、それぞれ女性四十四歳、男性四十三歳でした。戦争中は三十一歳となりましたが、戦後は順調に回復し、二〇一九年のデータでは、前述のように女性八十七・四五歳、男性八十一・四一歳で過去最高を記録しました。この百年間で、寿命がほぼ二倍に延長したわけです。こんな生物は他にはいません。そしてその変動の理由は、主に社会情勢に大きく影響を受けてきました。

戦後、日本人の平均寿命が延びた大きな理由の一つは、乳幼児の死亡率が低下したからです。その主な要因は、栄養状態が良くなったことと、公衆衛生の改善です。栄養状態は子どもの免疫力を高め、病気になりにくくなりました。公衆衛生の改善は、それまでヒトを苦しめていた感染症を減らしました。

ここで一つ注意しておきたいことは、「平均寿命」という言葉で表されるのは「平均期待余命」という意味で、「生まれたばかりの赤ん坊が、平均すれば何年生きられる見込みか」ということを表したものです。ですから、この数字は乳幼児死亡率が高い場合には非常に短くなります。そこで、抗生物質の発達などにより、乳幼児や若者の死亡率が下がれば平均寿命は劇的に延びるという、数字のマジックとも言うべきものがあることを確認しておきましょう。もとより、昔から長生きする人はいました。一旦大人になるまで生き延びられた人の寿命は昔から長かったのです。

一方、図9―2は、日本人の戦後からの「生存曲線」を示しています。生存曲線はそれぞれの年齢（横軸）での人口十万人あたりの生存数（縦軸）を示しています。

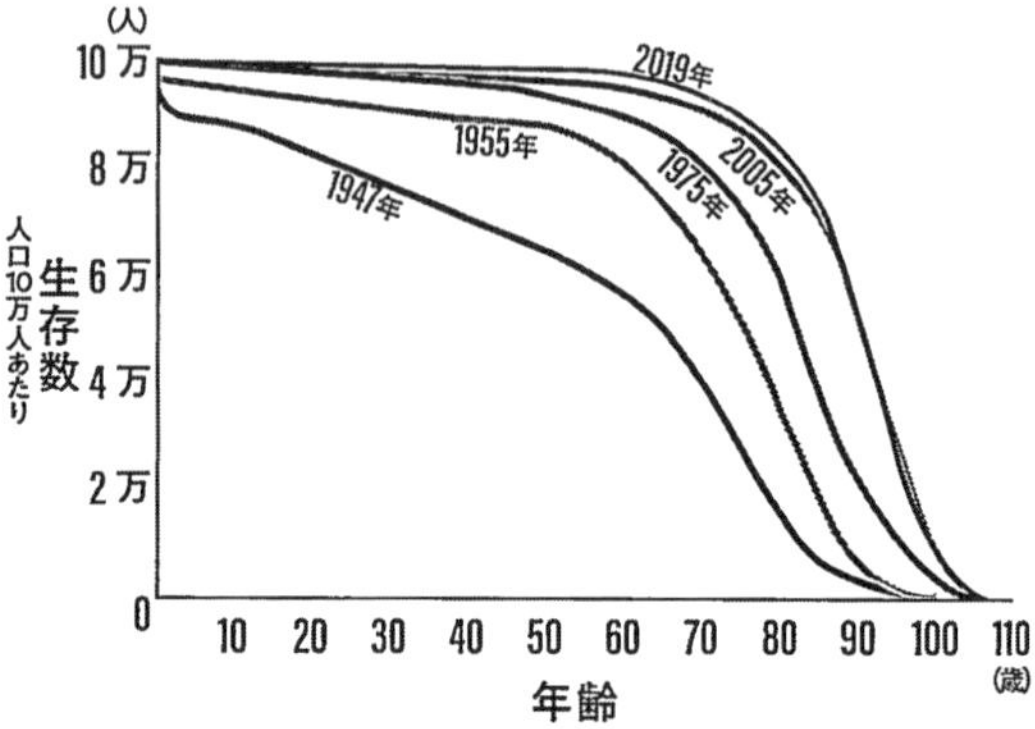

図9-2 日本人の生存曲線

戦後の一九四七年には、グラフが左上から右下までほぼ直線に近い形になっています。これは各年齢での生存率がほぼ一定であまり変わらないことを示しています。アクシデント的な死に方（食べられたり、病気をしたり、飢えたりして死ぬ）をする生き物に見られる特徴です。しかも乳幼児（〇歳付近）の生存数が急激に下がっています。その後、戦後の復興が進むにつれ、一九七五年には乳幼児の生存率はほぼ一〇〇％となり、さらに二〇〇五年には五十五歳までの生存率も一〇〇％近くになり、グラフが逆S字形になってきています。これは、若年から中年までのヒトはほとんど死ななくなったことを示しています。

さらに二〇〇五年、二〇一九年のデータでは、八十五歳くらいからグラフが急に下がる、つまり生存率が下がる（＝死亡率が上がる）ようになります。この急に下がる年齢は多くのヒトが亡くなる年齢で「生理的な死」の時期を示しています。アクシデントではなく、老化による寿命です。この生理的な死の年齢が徐々に延びているということは、老化の始まりが遅くなっていることを意味しています。実は、生理的な死の時期を考える場合、平均寿命よりもこのグラフの形のほうが重要です。

そして、もう一つの重要な点は、寿命が延びている（グラフが徐々に右に移動している）にもかかわらず、グラフの右下は常に一定のところ（百五歳付近）で収束しています。これは、最長の寿命はあまり変化していないことを意味しています。

実際に二〇二〇年に百歳以上の日本人の数が八万人を突破し、毎年急速に増え続けていますが、百十五歳を超えた日本人はこれまでたったの十一名、全世界でも五十名にも満たないのです。このような統計をもとに分析すると、ヒトの最大寿命は百十五歳くらいが限界だろうと言われています。逆に言えば、この年齢までは生きられる能力があるということです。

多様性のために死ぬ

次に、どんな生物でも例外なく死にますが、それはどうしてなのでしょう。前出の小林氏によれば、私たちヒトの体内でわざわざ細胞を死なせるプログラムが遺伝子レベルで組み込まれていて、老化によってそのスイッチがＯＮになる仕組みがあるからなのだそうです。

遺伝子の変化が多様性を生み出し、その多様性があるからこそ死や絶滅によって生物は進化してこられました。その過程で、私たち人類を含むさまざまな生き物は、さまざまな死に方を獲得してきました。現在も「細胞や個体の死」が存在し続けるということは、死ぬ個体が選択されてきたということです。「進化が生き物を作った」という視点から考えると、「生き物が死ぬこと」も進化が作ったと言えるというのです。

ご存じのように、鮭は川の最上流まで必死に泳いでいって、そこで卵を産めばすぐ死にます。昆虫などの多くの小動物も、子孫に命をバトンタッチしてすぐに死んでいきます。しかし、たとえば、ヒトのような子どもを産みっぱなしにできない生き物の親はそう単純ではありません。自分たちよりも（多様性に富んでいるという意味で）優秀な子孫が独り立ちできるようになるまでは、しっかり世話をする必要があります。つまり子育ては、遺伝的多様性と同程度に重要ということになります。

おばあさん仮説

生物が、生まれてから死ぬまでの時間をどう配分するか、体をどのように成長させるか、繁殖はどのように行うかなど、一生のスケジュールのあり方を「生活史戦略」と呼びます。その戦略は種によってさまざまですが、概して、体が小さい動物は一生が早く進んで寿命が短く、体の大きい動物は寿命が長いというような傾向があります。

前出の長谷川眞理子氏は、ヒトの生活史戦略について、他の動物とは異なる二つのユニークな側面を指摘します。

その一つは、ヒトの場合、離乳は終わったものの、栄養の面でまだ長く大人に依存する子どもの段階があります。これは、哺乳類の生活史の中では特殊なものと言えます。

もう一つのユニークな点は「おばあさん」の存在です。おばあさんは閉経後、繁殖力がもうないにもかかわらず元気で生き続けられます。ほとんどの動物は、繁殖終了年齢と寿命とがほぼ一致するものなのに、ヒトの女性では寿命が尽きるよりもずっと前に繁殖の可能性がまったくなくなります。これは他の動物には見られない戦略で、進化的には実に不思議です。

おじいさんも長生きしますが、おばあさんの存在ほど不思議ではありません。なぜなら、男性の繁殖能力は年齢とともに下降はするものの、繁殖する可能性がわずかでも残されていれば、個体が生き続けることに生物学的な不思議はありません。

一方、ヒトにもっとも近縁なチンパンジーの雌を見ると、繁殖終了後にも生き続けている個体はほとんどいません。逆に言うと、チンパンジーの雌は死ぬ直前まで繁殖しています。明らかに繁殖は終了しているのに、延々と生き続けているというおばあさんは、チンパンジーにはいないようです。

ヒトに限ってなぜこんな進化をしたのでしょう。アメリカの人類学者のクリスティン・ホークスたちは、「おばあさん仮説」と呼ばれる説明を考えました。それは、おばあさんが自分の娘の子ども（つまり孫）や、親族の子どもたちを世話することにより、孫たちの生存率が向上するという利点があったからではないかというのです。

ヒトの妊娠、出産、子育ては、たいへんな労力がいる上に長い時間を要します。ですから、世界中のどこの社会、歴史上のどんな社会を見ても母親が一人で子育てする社会は存在しません。必ずや母親以外の助力が必要でした。

そこで、女性が死ぬ直前まで繁殖を続け、自分の子どもだけ育てること（戦略A）と、途中で閉経になって自らの繁殖は辞め、後の余力を次世代の子育ての援助に向けること（戦略B）とを比べた時、後者の方が最終的には残る子孫の数が増えた、つまり適応的だったというのが「おばあさん仮説」です。

ヒトは互いにたすけ合う進化の道を選んだ

ヒトは、他の動物に比べると非常に複雑な営みをしています。ですからヒトの子育てにおいては、そのような複雑な仕事ができるまで育てねばならず、他の動物のそれとは比べものにならないほど長く続く大仕事となりました。それで実際に、おばあさん以外にも、父親、親族、母親の友人、隣人など多くの人が子育てに関わっています。つまり、ヒトは「共同繁殖」する進化の道を選んだのです。それは子育てだけでなく、生活のあらゆる場面でも相互扶助と共同作業をしています。

たとえば、「食物の獲得」にも複雑な技術を利用するようになりました。さまざまな道具の製作と使用、火の使用など多岐にわたり、その技術の習得には大人から子どもへの教育が必要です。また、ヒトの大人同士はさまざまな知識を共有し、互いに信頼関係を築いて共同作業（分業）をしています。このような社会的ネットワークのスキルも子どもに伝えねばなりません。子どもを育てるということは、その子がこの社会的ネットワークの一つの輪になれるように育てることだとも言え、その作業自体も、実は社会的ネットワークによって成されていくのです。

長谷川氏は、最近盛んに叫ばれている「地域全体による子育て支援」といったことも、少子化対策のためというより、ヒトの進化の過程を見れば当然のことで、子育てを核家族の中だけに限定し、母親だけが育ててきたことこそが誤りなのだと指摘しています。

農耕、牧畜の開始以後、文明が興《おこ》り、都市ができ、産業が発達し、科学技術が進むと、人びとの暮らしはますます複雑になり、分業化が進みました。そこに貨幣というものが導入されると、お金で何かを買うという行為が当たり前になります。そうすると、人間は支え合いさえもお金で買えると思い誤り、お互いに分業によって支え合っているのだという意識が薄くなったかもしれません。

でも、なぜ自分がお金を稼げるのか、働くとは何なのかを考えてみると、それは、この社会がうまく機能するための社会的ネットワークの一員として成長できたからであり、働くとは、次世代を育てていくための仕事の一端を担うことなのだという結論にならざるを得ません。

女性が子どもを産むのは、生物学的な繁殖の基本です。しかし、ヒトという生物は決して個人が独力で暮らせる動物ではなく、ヒトの子育ては授乳では終わりません。「子育て」というよりは「次世代育成」と言ったほうがふさわしい大がかりな作業なのです。ヒトはそのようにして、厳しい進化の過程を生き残ってきたのです。

サムシング・グレート＝親神様

学生時代から長年にわたりご指導いただいた、分子生物学者の村上和雄先生（筑波大学名誉教授）が、二〇二一年四月十三日、八十五歳をもってご逝去なさいました。そして、直後の七月に出版された『コロナの暗号』が奇しくも遺稿となってしまいました。先生は、高血圧の黒幕と思われていた酵素「ヒト・レニン」の遺伝子暗号解読に世界で初めて成功し、その物質の正体を、分子レベルでは、ほぼ完全に明らかにされました。

先生も一時は「これで高血圧に悩む人がなくなる」と思われたそうですが、生物の世界はそれほど簡単なものではありませんでした。「高血圧がなぜ起こるのか」「高血圧の全体像はどうなっているか」等について、その後も世界中で何千人もの研究者が必死で研究しているにもかかわらず、その全貌は未だに解明されていません。酵素や遺伝子の面からだけでは、生命や生物の謎を完全にはとらえられないのです。

とはいえ、ヒトの遺伝情報の解読作業は途方もない苦労の連続だったそうで、先生は解読した遺伝子暗号を眺めながら、「わが村上研究室チームはよくやった」と感慨にふけっていた時に、あることに気付きました。それは、遺伝子暗号は読まれる前に書いてあったということです。これだけ精巧な生命の設計図を、いったい誰がどのようにして書いたのか？

ヒトの遺伝子暗号は約三二億の文字からなっています。それがどれくらいの量かというと、一ページ一〇〇〇字で、一〇〇〇ページの大百科事典が三二〇〇冊にもなるような膨大な情報量です。それを人体にある三七兆個のすべての細胞の核の中、一グラムの二〇〇〇億分の一という途方もなく狭い空間に書き込み、しかも、それぞれの細胞を設計図通り、一刻の休みもなく働かせています。

これを書いたのが人間でないとすれば、自然が書いたとしか考えられませんが、自然といっても太陽や山などではありません。そこで先生は、人知を超える精巧を極めた仕組みを作った偉大な存在があるのではないかという思いに至り、この大自然の偉大な存在を、「サムシング・グレート」(Something Great：偉大なる何ものか)と表現しました。前掲書では、その経緯を次のように述べています。

人知を超えたものと言えば、昔からよく神様や仏様が思い描かれました。しかし、世の中のいわゆる科学的なものの見方を大事にする知識人は、神や仏は宗教上や空想上の存在であり、科学的な議論にはなじまないと思うことが多いようです。ただ、このように神や仏もあるものかと思っている人々も、この人間わざでない「何か」の働きによって生かされていることは認めざるをえません。そこで、私はこの偉大な働きを神や仏と呼ばずに、「サムシング・グレート」と呼ぶことにしたのです。この呼び方だと、神や仏に抵抗がある人たちでも、割にすんなりと「偉大な何か」を受け入れられるようです。

生きているということは、普段私たちが考えているよりもはるかに驚異的なことのようです。現代の科学では、ヒトのインシュリンを大腸菌でつくることは可能ですが、元からはつくれないのだそうです。なぜつくれないのでしょう。それは、大腸菌が「生きている」基本的な仕組みが、現代の生命科学をもってしても、まだわからないからです。

さらに驚くべきことは、この遺伝子の法則はあらゆる生物に共通しているということです。現在、地球上には二〇〇〇万種以上の生物がいると言われていますが、カビなどの微生物から人間まで生きとし生けるものは、すべて同じ遺伝子の暗号を使って生きています。ということは、あらゆる生物が同じ起源を持つことを示していると考えられます。

元の理のお話には、親神が最初に産みおろされたところは水中で、一様に五分（約一・五㎝）であったとありますから、この生物はホモ・サピエンスではありません。また、親神は人間を直線的に進化させてきてはいません。何度も絶滅の危機を繰り返しながら、虫、鳥、畜類など、八千八度の生まれ更わりをも経ながら、悠久の昔から今日までご守護くださっています。更には、人間を創造するにあたって、同時にこの世も平行して創造されています。そのことを考えると、親神は人間だけを守護の対象としているのではないようです。ということは、人間だけが快適な暮らしをすればよいという世界ではなく、持続可能な社会が末永く続く世界を最初から目論んでの大いなるプロジェクト（これも親心）だったのでしょうか。

人類進化の過程からわかること

生命科学におけるゲノム解析技術の進歩は、人類学の分野においても、これまで謎とされていたさまざまな問題を明らかにしたり、新説の発見に貢献しています。

人類の進化の過程については、これまで図9―3のように、近縁であるチンパンジーからヒトへ直線的に進化してきたように説かれていましたが、実は人類と呼ばれるものは、サヘラントロプス・チャデンシス、パラントロプス・ボイセイ、ホモ・ハビリス、ホモ・エレクトス、ネアンデルタール、ホモ・サピエンスなど、わかっているだけで二十種類以上いて、その中でホモ・サピエンスだけが生き残って、後はすべて絶滅したことが明らかになっています。

これまでの人類学では、人骨（化石）が発掘されるたびに、それらの形状などを調べるアナログ的な研究が主流でしたが、近年では出土した骨から遺伝子情報を取り出して解析することによって、次々と進化に関する新説が生まれています。

たとえば、私たちの祖先であるホモ・ハビリスと別系統のパラントロプス・ボイセイを比較すると、ボイセイは根菜類を主な食糧とし、必要最小限のものを食べる、環境に負荷をかけない生き方を選択しましたが、ホモ・ハビリスは石器を使い、動物を協同して狩り、栄養豊富な肉を食糧としたことで脳の容量が増大し、更に知性を発達させました。そして、より高度な狩りの技術を持ったことで、飛躍的に多くの獲物を獲れるようになり、

図9-3 人類の進化

その結果、あるが上にもいくらでも食糧を得ようとする〝欲望〟という、好ましくない側面も持ってしまいました。

また、ホモ・サピエンスと同時代を生きたネアンデルタール人と比較すると、ネアンデルタール人の方が、脳の容量は同等かそれ以上で知的にも優れ、体格も優れていたようですが、ネアンデルタール人は絶滅し、個体としては劣ると思われたホモ・サピエンスだけが生き残りました。それはどうしてかというと、ホモ・サピエンス（ラテン語で知恵のあるヒトの意）の方が、道具を工夫するのが上手だったこと、集団生活によるネットワークが拡がっていたこと、言語を高度に発達させて抽象的な推理能力を獲得したこと等が挙げられています。

また、この両者は敵対していて、ホモ・サピエンスが暴力的に滅ぼしたという説もありますが、近年の遺伝子解析による研究では、絶滅したネアンデルタール人固有の遺伝子が現代人からも検出されたことから、両者は敵対どころか交配していたことが明らかになりました。そして、その遺伝子というのが、受精卵を子宮に着床させる働きをたすけるＰＧＲ遺伝子というのですから、絶滅したネアンデルタール人の遺伝子が、私たちホモ・サピエンスの繁栄を部分的に後押ししていた可能性があるのです。なんとも皮肉な話でもあり、ホモ・サピエンスが生き残るための運命的な出会いだったということでもあるようです。

第十章　連載を終えて

◇**仙田**　「まえがき」でお伝えしたように、本書は高校時代のクラスメート・三宅雅史医師が、私共の教会の月報に足かけ七年、全七十六回にわたり長期連載した記事を基に、二人の対談形式に構成したものです。

「くにとこたちのみこと」から始まる十全のご守護については、各章に取りかかる前に、そのつど私の方から三宅氏に教理の説明をし、もし可能なら十全の守護の分類に沿った解説をしてもらいたい旨を伝えました。その点については、彼も最初は可能かどうかと心配していましたが、途中からは「親神の十全の守護の説き分けが、人体の科学となんら矛盾していなかったので自然に筆が進んだ」と連載を終えた後、しみじみと述懐していました。

高校卒業後およそ半世紀、彼と私はお互い別々の人生を歩みましたが、〝人の役に立ちたい〟という志は共通するものがあったからか、記事に関する打ち合わせの時間は、さまざまな点で共感することがありました。信仰とは、神や仏といった大いなるものを〝信じ仰ぐ〟営みなので、信仰するか否かは個人の主観が判断の決め手になるものです。その意味では、科学的知見を取り入れる必要はないのかもしれないけれど、その一方で、医学と宗教というお互い別の視点から人体を眺めることによって、ともすれば通り一遍に解釈していた親神様のお言葉を、より一層広く深く味わい直すきっかけになったのも事実で、とても良い経験をしたと思います。

教えの台

男雛型・女雛型について、三宅氏は生物学的見地から話をはじめられ、親神様が男と女をつくることで有性生殖が可能となり、それによって「生物学的多様性」を獲得したことに大きな意味があると説かれました。

男女の性別・性差に関する考え方は、このような生物学的な知見とは別に、心理学的、文化人類学的な観点等からのものや、宗教や思想に基づく見方もさまざまにあります。人は時代により、国や地域により、また民族の違いによってさまざまな背景を抱えているので、ものの見方・考え方に違いがあるのは当然のことで、そうした多様な見解については互いに敬意を払い合わなければなりません。しかも、今後も時代とともに、そうした価値の重みや方向性が、少しずつ変遷していくことだってあるでしょう。

そこで私は、そうした多様な考え方を認めた上で、お道の者として、いつの時代にも変わらない基準（土台）を持つことが良いのではないかと思っています。それは、「元の理」にこもる親神様の親心と、「かしもの・かりものの理」という教えです。

見出しに取り上げた「教えの台」という言葉は、『おさしづ』の用語として見られるもので、『天理教事典　第三版』（127頁）には、「ある事柄が、教えを諭し、展開していく上での土台、基礎となる、という意味」とあります。その用例として次のような一節が挙げられています。

医者の手余りを救けるが台と言う。……医者の手余りと言えば、捨てもの同様である。それを救けるが教の台と言う。（明治二十六年十月十七日）

これは当時、「お道のおたすけ活動が医薬を妨害している」という嫌疑《けんぎ》が掛けられていた時代背景を反映している『おさしづ』で、当局からの圧迫に対する措置として、「おたすけをする場合は、必ず医師の診察を経た上で、神様のお話をすることにしたいのですが」という事の由を申し上げて、おさしづを仰ぎました。

それに対して親神の思召は、おたすけは決して医学や薬学と対立するものではなく、それらをもってしてもたすけることができない人びとを、おたすけ人であるお前たちが教えを守って勤めることによって親神の十全のご守護を十分に頂戴して病人を救けることが、この道の信仰の土台であり、基礎であると諭されています。

また、諸井政一という先人が遺された手記をまとめて、昭和十二年に山名大教会から出版され

た『正文遺韻《せいぶんいいん》』という書物の中に、「身上かりものゝときわけ」と見出しが付いたお話がありま

す。そこには、この道に入信して、かしもの・かりものの理を聞き分け、その教えを守っていけ

ば、だんだんと思う通りのご守護がいただけるようになると諭されています。そして、次のよう

に続きます。

身上かしもの、かりもの、心一ツがわがの理。これ、教えの台でございまする。ゆえに、この理をきゝわけ、ほんになる程、かりものに違いないと、理を感じるが、肝要でございます。この理を感じねば、何も分からん。（原文を現代仮名に、一部を漢字使用）

この後の内容をかいつまんでお話しすると、次のようなことになります。

親神様は、人間とこの世をお始めくだされてこの方、人間に知恵も仕込み、学問も仕込み、心直しのため真実の道を教え、病気をたすけるために医者・薬の道も教えてきた。そこで今日では、人間は知恵が進み学問に長け、あらゆる機械も発明し、だんだんと便利になって文明が開けてきた。けれども、その元である親神様のお働きなりご守護がわからなければ、お互い人間同士が知恵を磨き合い、勉強し合い、その結果として便利にもなり、文明も発展してきたと思うようになる。実にそう思うのが人間心の当然である。

だが、親神様のお話を聴いてよく思案すると、「火」と「水」のご守護をはじめとする親神様の身の内十全のお働きがなければ、人間がいかに賢くても、強くても、たちまちどうしようもな

くなる。すべてが叶わないのである。そこで、親神様が身の内に入り込んでお働きくださるお陰で、銘々は心で考えもさせてもらえる、また力も出させてもらえるということをしっかり肝に銘じて、教えを日々守って暮らす中に、「本当にこの体は神様のお働きがなければ、一日たりとも結構に暮らせない」と、心から実感することができたら、お道の他の教えもだんだんとわかるようになってくる。

それこそが、天理教信仰の「教えの台」、つまり土台にして根本的な教理であると諭してくださっているように思います。科学のめざましい進展は、自然界の謎や生命の不思議について、かなりの部分を詳しく解き明かしてくれています。それによって私たちは、それまで気が付かなかった親神様のご守護について、まるで鳥の目を持ったかのように、全体を一望することができるようになりました。この道の信仰において、「かしもの・かりものの理」が心に治まるようになれば見えてくる地平を、親神様は、智恵の仕込みを上手に発展させることによっても自覚させてやりたいと思召されているかのようです。

さて、教典の第七章（70頁）に、次のように記されています。

> 人間には、陽気ぐらしをさせたいという親神の思いが込められている。これが、人間の元のいんねんである。

私たちが天理教を信仰する目的は、親神が人間を創造した元のいんねん（根本の原因）通りに暮らすこと、つまり陽気ぐらしをすることにあります。本来なら、すべての人間はこの元のいんねん通りに陽気ぐらしができるはずなのに、現実にそうなっていないのはどういうわけか？　それについては、

しかるに、人間は、心一つは我《わが》の理と許されて生活《くら》すうちに、善き種子もまけば、悪しき種子もまいて来た。善き事をすれば善き理が添うて現れ、悪しき事をすれば悪しき理が添うて現れる。

つまり、〝我の理〟と許された心のつかい方に誤りがあることが原因だと説かれています。

八つのほこり

教祖は、親神様の思召に沿わない心づかいを「ほこり」と教えられ、すでに紹介した小冊子『信者の栞』では、次のように諭されています。

八つのほこりと聞かせて頂きまするは、をしい、ほしい、にくい、かわい、うらみ、はらだち、よく、こうまん、の八つでございまして、この八つのほこりの心というは、日々に、知らず〳〵の間に使うものでございまして、知らず〳〵の間に積り重なり易きもの故に、ほこりと

お聞かせ下されるので御座います。

そこでこのをしい、ほしい、にくい、かわい、うらみ、はらだち、よく、こうまん、の八つは理のかどめを仰せられましたのでありますます故に、をしいと申しても、幾重にも、ほこりの道はございます。ほしいと申してもその通り、その外皆同様で、ほこりの心や、ほこりの行いは、幾千筋あるともわかりません。

さればその幾千筋とも限られぬ、ほこりの心、行いを一々申し述べるはなかく出来得る事でありませんが、ほこりでなき事を、ほこりと思い違えたり、ほこりのことをほこりでないと考え違えてはなりませんから、そのかどめを申し上げます。

私たちは日常生活の中で、知らず知らずに親神様の思召に沿わない心づかいをしているものです。その心の有り様を、部屋の中に知らない間にたまる〝ほこり〟にたとえられて、次のように説かれています。

このような、いろく様々の心のにごり、心得違いが、日々身の行いにあらわれていきますから、結構な楽しい世界が、ねたみ合いや、そねみ合い、けんかや、口論、罪つくり、おもしろくない世となるのでございます。又その心得違いが、つもり重なり、めいくに天の理に迫って、身上のわずらいや、うれい、さいなんとなって、苦しまにゃならんので御座います。

依ってお互いに、この御道の理を聞かして頂いて、信心さして頂く上は、前申し上げますところの、すべての心得違いを改め、心のにごりを澄まして終い、あざやか、誠の心を、日々に働かしていくならば、おいおいと、誠の理が積り重なれば、天の理として、難儀、不自由は出来やせん。やもうと言うても、やまれやせんと、聞かせられますによって、なんでも、誠一つを日々に行わして頂かにゃなりません。

要するに、ほこりの心づかいと正反対の、親神様の思召に適う誠（誠真実）の心で暮らすことが必要だと説かれています。

誠真実

では、その誠真実とはどのような心づかいなのか。それが『信者の栞』では、「誠真実」という見出しの付いたところに次のように書かれています。

誠真実というは、たゞ、正直にさえして、自分だけ慎んでいれば、それでよい、というわけのものじゃありません。誠の理を、日々に働かしていくという、働きがなくては、真実とは申せません。そこで、たすけ一条とも、聞かせられます。互い立て合い、扶け合いが、第一でございますによって、少しでも、人のよいよう、喜ぶよう、救かるように、心を働かしていかねばなりません。そこで八つのほこりも、わが心につけんばかりでなく、人にもこのほこりをつけさせぬように、せにゃなりません。

誠真実という心で生きるとは、ただ自分だけが正直に、慎みを持って生きていれば良いというものではなく、「少しでも、人のよいよう、喜ぶよう、救かるように」心を働かすことが大切で、「八つのほこり」も、自分の心に付けないようにするばかりか、他の人の心にもほこりを付けさせないように心がけて暮らすことだと教えられています。そしてその後、八つのほこりに言及して、○○することが○○のほこりになるのだから、今後は○○するように心がけて暮らしなさいと、八つのほこりのそれぞれについて、誠真実の心に切り替えるための心づかいを、一つ一つ懇切丁寧に諭してくださっています。

『信者の栞』は、日常の心づかいの指針となるものと思いますので、是非ともご一読ください。

信仰と学問の関係について

最後に、信仰と学問の関係について考えてみたいと思います。

理論物理学者で、カトリック教会の助祭という立場の宗教者でもある三田一郎氏は、自著『科学者はなぜ神を信じるのか』（講談社ブルーバックス）で、天才物理学者、アイザック・ニュートンの次のような逸話（諸説あり）を紹介しています。

彼が腕利きの機械職人に注文して、太陽系の精巧な模型を作らせたことがありました。歯車によって惑星が動く仕掛けになっている、凝ったものでした。ある日、ニュートンの部屋を友人の科学者が訪ねてきました。彼は無神論者でした。テーブルの上に置かれた模型に気づいた彼は、惑星を動かしてみて、感服した様子でニュートンに尋ねました。

「実にみごとな模型だね。誰が作ったんだい？」

読書をしていたニュートンは、本から目を離さずに、こう返事をしました。

「誰でもない」

面食らった友人が聞き返します。

「おいおい、僕の質問がわからなかったのかな。僕は、誰がこれを作ったのかと聞いたんだよ」

ニュートン、今度は友人の顔を見て、真面目な顔でこう答えます。

「それは誰が作ったわけでもない。いろいろなものが集まって、たまたまそうなったのさ」

友人は気色ばんで言い返しました。

「人をばかにするものじゃない。誰かが作ったに決まってるだろう。これだけのものを作るとは、かなりの腕前だよ。それは誰かと聞いているんだ」

ついにニュートンは立ち上がり、友人の肩に手を置いて、語りはじめました。

「これは偉大な太陽系を模して作った、単なる模型だ。この模型が設計者も製作者もなく、ひとりでにできたと言っても、君は信じない。ところが君はふだん、本物の偉大な太陽系が、設計者も製作者もなく出現したと言う。いったいどうしたら、そんな不統一な結論になるのかね？」

それを聞いて無神論者の友人は、創造主が存在することを納得したというのです。

ニュートンの運動方程式は、神の領域の多くを科学の領域に移したと言われます。そこで、「人類はもはや神を立てなくても、物理法則で宇宙の成り立ちを説明できる」という考えを持つ人もいますが、三田氏はその意見に対して次のような異論を唱えます。

もしも物理法則に従って宇宙が創られたのなら、宇宙創造の前にそれらの法則が存在していなければなりません。そもそも、物理法則は家の建築にたとえれば〝設計図〟のようなもので、もしも宇宙に設計図があったとしても設計者は誰なのか、言い換えれば、運動方程式を創ったのは誰かという問題は依然として残ります。そして、その科学法則を創った者が神ではないとしたら別の何かであることになり、今度はその「別の何か」は誰が創ったのかという疑問が新たに生まれることになります。

このように、「はじまり」を求めていくと結局は切りがなくなってしまい、どこまでいっても科学によって宇宙をすべて理解したと言い切ることはできないというわけです。

一方、信仰するということについても次のように語ります。

人間には神をすべて理解することは永遠にできません。しかし、一歩でも神により近づこうとすることは可能です。近づけばまた新たな疑問が湧き、人間は己の無力と無知を思い知らされます。だからまた一歩、神に近づこうという意欲を駆り立てられます。「もう神は必要ない」としてこの無限のいたちごっこをやめてしまうことこそが、思考停止なのであり、傲慢な態度なのではないでしょうか。科学者とは、自然に対して最も謙虚な者であるべきであり、そのことと神を信じる姿勢とは、まったく矛盾しないのです。

三田氏は、信仰する態度も、科学を学ぶ姿勢についても、ともに謙虚な態度で、真摯に向き合い続けるということについては、共通するものがあると指摘します。

二代真柱様の考え

ところで、二代真柱様は「信仰と学問」ということについて、昭和三十二年に天理大学の学生に行った講義録『おふでさき概説』の序説で、次のように述べておられます。

……再々論じられる事であるが、信仰と学問とは両立しないという言い方は、どうも私には余りはつきりとしない。私の信念を以てするならば、教祖の教をあく迄も貫いて行くのには、それは学問的に行こうと、信念的にこれを論じようと、帰するところは一つであつて、その間には何ら矛盾はないと信じている。又、若しもそこに矛盾を感じたならば、それは自分の未熟さに原因するものと考えておる。二つの物事は、元々対立しているものではなくて、自分が未熟である関係上、その統一点を未だ発見する事が出来ぬに過ぎない。(中略)更につけ加えたい事は、その為には決して早幕を求めて、結果ばかりをあせつて、いいかげんな道を歩まない事である。結果を求めるよりも、むしろ自分の努力に対する喜びを深めて行く事、これが学問の道であつてほしい。同時に、それは信仰の道でもある。結果としてのよふきぐらしを求めようとした時に、その間には、応法の理にとらわれる日もあろう。が、未知の世界に努力するという喜びは、同時に信仰の喜びをも生み出すものなのだ。一歩々々の学問が一つの成果を挙げるが如く、一歩々々の信仰が一つのひながたを残して行く事が出来る。あくまでもその方法について、気持について、目的について、一つづつ意義を噛みしめて歩んでもらいたい。この点は、学ぶ段階に在る諸君としての大切な点である。学問を教わり、覚える事以上に、学的な態度で一つの真理を追求する。言い換えるならば、一つの自分の人生の喜びを獲ち得るように進めて行く点に、大きな意義を感じていてほしい。信仰と学問とが両立するとかしないとか言つている間に、もつと究極的な真理を追求する為に、喜びを見出す為に、努力を続けてもらいたいと思つている。

このお話が、私が生まれた年に、次代を担う若者に対して講義されたものであることを思うと感無量になります。同時に、次のおふでさきが脳裏に浮かんできます。

このよふのもとはじまりのねをほらそ
ちからあるならほりきりてみよ　五 85

このねへをほりきりさいかしたるなら
どのよなものもかなうものなし　五 86

二代真柱様が、教理研究をするうえに不可欠な要点を、「決して早幕を求めて、結果ばかりをあせつて、いいかげんな道を歩まない事である。結果を求めるよりも、むしろ自分の努力に対する喜びを深めて行く事、これが学問の道であつてほしい。同時に、それは信仰の道でもある」とおっしゃるように、私たちはどこまでも真摯に、教えの根を掘り続ける努力を怠らないことが大切だと思います。

大自然の一部である私たちの身体の中にも、親神様のお働きは満ち満ちています。そのご守護の詳細をもっともっと知りたいと、三宅氏のお知恵を借りて、人体に関する医学知識を勉強してきました。はなはだ無知無学の身にして、なぜそのような試みをしたかというと、「身の内十全の守護」の教えを、「ただ一片の教理として、脳で理解したことを、冷ややかに説くだけに終わっては申しわけない」という思いからで、お借りしている身体の五感を通して、より広く深く味わうことを目的にしたものです。

そこで発見したことは、私たちが「教えの根を掘る」努力をすればするほど、また新たな驚きと喜びを伴いながら親神様の親心に気付くことができ、汲《く》めども尽きせぬ泉のように、大きな感動が湧き上がってきたということでした。

新型コロナウイルスの世界的流行（パンデミック）によって、お道の動きがほとんど止まってしまった時期に本書を上梓することになったのも、「少し立ち止まって、改めて根本教理に耳を傾けなさい」との親神様の親心のお手引きであるのかもしれません。

これからも信仰の喜びを求めて、コツコツと教理を学び続けたいと思います。

あとがきにかえて

体のつくりは神が決めた真理であり、普遍性があるだけでなく、深遠な意味や神秘を含んでいます。先人の解明の歩みに感謝しつつ、身近な人びととその醍醐味を分かち合うのが私の生きがいです。

この本の元になった連載を持ちかけてくださった、仙田善孝会長とは高校時代の三年間、同じクラスでした。当時の仙田君はというと、学生服と野球部のユニフォーム姿とを半々くらいに思い出します。毎週英数の試験に追いまくられて余裕を失っていたクラスメートと違い、どこか遥か彼方も見ている風があり、「やることが多すぎてキツいなー」とつぶやきながらも、全然嫌そうではなく課題をこなしていました。休み時間などには、心の和む面白い話をよくしてくれたものです。

教会報の連載にあたっては、〝十全のご守護〟に沿った章立てごとに、事前の打ち合わせをしました。まず、会長からは基本教理に基づく解説と、時々「こんなしくみやはたらきがあれば……」との要望がありました。それに対し、私は理解したことの確認を求めたり、初歩的なことを尋ねたりしました。その繰り返しのお陰で、不安なく伸び伸びと稿を進めることができました。

今ふり返れば、どの説明にも「かしもの・かりものの理」に通じるものがあったと思えるのですが、当初私は〝体は物質を借りてできたもので、いつか自然に返るもの〟と表面的に理解していたに過ぎず、単に『わかりやすい人体の構造と機能』を念頭に開始しました。それが筆を進めるうち、天理教の教えが生物学や医学と矛盾しないだけでなく、科学者の発見よりも先に人体の働きの本質についていくつも言い当てていたことに気付かされるようになりました。今も大事に残してある仙田会長の言葉に、「この世は神の体」と、続いてその解説があります。この世界と、そこで生かしていただいている人間の体、それらはみな神によって創造され、ずっとコントロールされている、とあります。そうであれば、神が決めた真理を追求するサイエンスは、その教えを後追いし、裏付けているのだと気付かされました。

連載記事を本にまとめる作業も仕上げに入った頃、「まえがき」の最後の段落にさりげなく書かれた文章を読んで、はたと膝を打ちました。会長が「気づき」と「報恩」の二語に込めた意図は、〝人体をつぶさに見つめ、人知の及ばない御業や際限のない奥深さに圧倒されれば、自ずと感動と感謝が生まれる〟〝そこから親神様の思召に思い至り、それに応えられるような暮らしを心がけてもらえれば〟であったとようやく気付いた次第です。私に原稿の打診をするよりも遥か以前から、彼にはそのような構想があったのでしょう。ふり返れば一番初めに、〝陽気ぐらし世界の実現は天理教の壮大な目標〟と教わりました。この世の存在それ自体が永遠の謎と言われますが、この言葉はその謎への一つの答えであるように思えます。その後も、教会長には粘り強く導かれながら、かりものの身体の不思議さ、有難さの一端を、一通りお伝えすることができました。会長の、そして天理教の一貫した願いである陽気ぐらしの実現に少しでもお役に立てれば幸いです。

最後になりましたが、浅学非才も顧みず、当初の予定を大幅に超えて続けられたのは、前段の会長の先導をベースとして、こやまのりこさんの人目を引くだけでなく、時に「ぷっ！」と笑いをさそうイラストの数々、そして会長から時々伝え聞いた、美拝分教会の信者さんをはじめとする読者の皆様の反響のお陰です。

また、本書の企画段階から、貴重な指導・助言をいただきました養徳社の冨松幹禎社長、『陽気』編集部の方々はじめ、本書が上梓されるにあたりお世話になりました皆々様に、この紙面をお借りして、厚く御礼申しあげます。

三宅雅史

❖筆者紹介

仙田善孝（せんだ・よしたか）

１９５７年奈良県天理市生まれ。１９８０年筑波大学第二学群人間学類卒業。在学中、松原達哉氏に師事しカウンセリングと心理検査法を学び、心理テスト研究会を立ち上げる。卒業後（株）日本文化科学社にて知能検査（ＷＩＳＣ、ＷＡＩＳ等）の再標準化及び各種心理検査の研究開発に従事。１９８８年天理教校本科卒業。その後、学生担当委員会委員を３期務める間、ＨＡＲＰのプログラム開発。１９９９年天理教美拝分教会長就任。天理教徳島教区主事、撫養大教会役員。

三宅雅史（みやけ・まさふみ）

１９５８年徳島県つるぎ町生まれ。１９８３年防衛医科大学校医学部卒業。海上自衛隊に配属。１９８５年より海自基地衛生隊長、横須賀地方総監部衛生監理官、自衛隊病院副院長拝命。１９９８年徳島大学にて医学博士取得。２００１年徳島県保健福祉部に就職。以後、同部感染症／疾病対策室長補佐、三好保健所長、美波保健所長などを拝命。２０１４年特定医療法人杜のホスピタルに就職。２０１８年ピースボート第96回（豪州・オセアニア）、第97回（東南アジア）、第98回（世界一周）の各クルーズに参加。同年９月より杜のホスピタルの内科医に復職。

医師と読み解く
驚き！「かりもの」の体

立教 186 年（令和 5 年）1 月 25 日初版第 1 刷発行

著　　者　仙田善孝・三宅雅史
発 行 者　冨松幹禎
発 行 所　図書出版　養徳社
〒632-0016
奈良県天理市川原城町 388
電話（0743)-62-4503
振替　00990-3-17694
印刷・製本　（株）天理時報社
〒632-0083
奈良県天理市稲葉町 80

ISBN 978-4-8426-0134-2
定価はカバーに表示してあります。